COURS

DE

PLAIN-CHANT

OUVRAGE

AUTORISÉ PAR LE CONSEIL DE L'INSTRUCTION PUBLIQUE,

POUR ÊTRE PLACÉ DANS LES BIBLIOTHÈQUES DES ÉCOLES NORMALES PRIMAIRES.

Tout exemplaire non revêtu de la signature des auteurs sera réputé contrefait, et le contrefacteur poursuivi conformément à la loi.

CLICHY. — Impr. de Maurice LOIGNON et Cie, rue du Bac d'Asnières, 12

COURS

DE

PLAIN-CHANT

DÉDIÉ

AUX ÉLÈVES-MAITRES DES ÉCOLES NORMALES PRIMAIRES

PAR

SALVADOR DANIEL

(Père et Fils)

DEUXIÈME ÉDITION

OUVRAGE APPROUVÉ PAR LE CONSEIL DE L'INSTRUCTION PUBLIQUE, ET HONORÉ D'UNE SOUSCRIPTION
DU MINISTÈRE DE L'INSTRUCTION PUBLIQUE.

PARIS

LIBRAIRIE CLASSIQUE DE PAUL DUPONT

RUE DE GRENELLE-SAINT-HONORÉ, 45.

—

1864

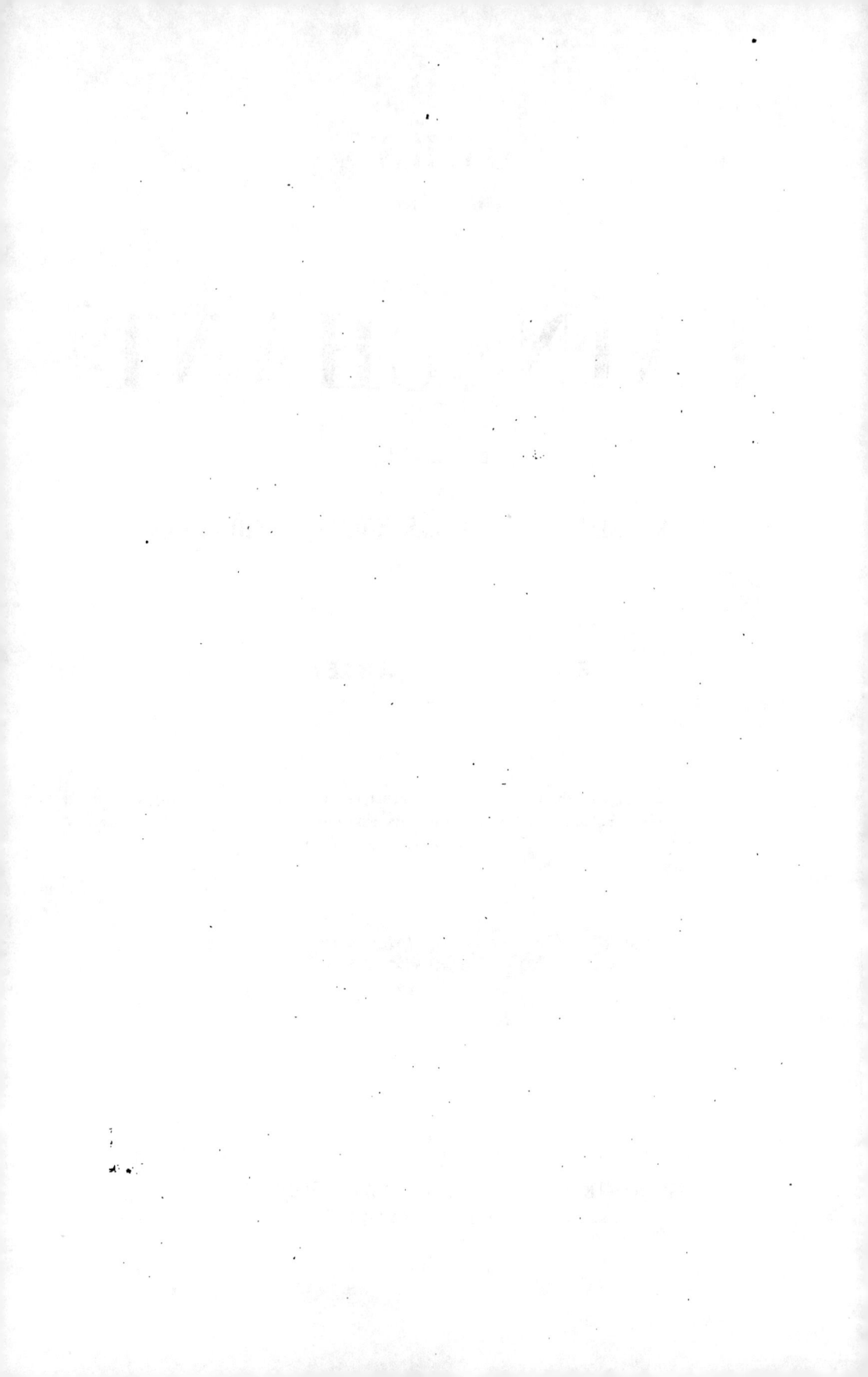

LECTEUR,

Rompre avec un passé absurde, n'en conserver que ce qui est vrai et bon, et avec ses débris, de nouvelles règles et de nouveaux moyens bâtir un nouveau système d'enseignement musical capable de montrer à la jeunesse trente en trois, au lieu de trois en trente qu'on nous a appris, tel est le but que je me suis prososé dans la publication de mes ouvrages, dont celui-ci est le complément.

Si la hardiesse du projet vous effraie, ou vous fait rire de pitié ou même de mépris, parce que d'autres avant moi l'on dit et n'on pas répondu à votre attente, cessez de lire.

Mais si vous vous faites enfant pour commencer, comme eux, par le commencement, et si, comme eux, vous suivez exactement toutes les leçons, sans vous inquiéter d'avance des résultats, la conviction et le succès le plus complet sont ce que croit pouvoir vous promettre en toute sûreté de conscience,

L'AUTEUR.

1ʳᵉ LEÇON.

PLAIN-CHANT. (¹)

Le *plain-chant* est une fraction de la musique.

Elle en est la principale.

Le plain-chant est l'art de chanter les louanges de Dieu ainsi que les prières que l'homme lui adresse.

On le désigne aussi par les dénominations de *chant sacré, chant religieux,* et *chant grégorien.*

La gamme du plain-chant est la même que celle de la musique, et se compose également de sept degrés, qui sont pareillement nommés : *do* le premier, *ré* le second, *mi* le troisième, *fa* le quatrième, *sol* le cinquième, *la* le sixième, et *si* le septième.

Ces sept degrés sont aussi appelés : le premier *tonique*, le deuxième *sus-tonique*, le troisième *médiante*, le quatrième *sous-dominante*, le cinquième *dominante*, le sixième *sus-dominante*, et le septième *sensible*, mais la tonique et la dominante sont celles qui doivent nous occuper plus spécialement.

Messieurs les Maîtres de musique vocale, et par conséquent aussi de plain-chant, verront, dès cette première leçon, que je suppose les élèves de plain-chant ayant suivi déjà, au moins, la 1ʳᵉ partie de l'*Alphabet musical;* car, c'est là que les enfants de toutes sortes d'écoles auront appris les premiers éléments de la musique et à leur insu du plain-chant. C'est encore dans l'*Alphabet* qu'ils auront dégrossi leurs voix, formé leur organe par le moyen des chiffres et du chant simultané, et enfin, c'est encore là qu'ils auront appris les premières règles de la première de toutes les langues.

Messieurs les maîtres ne supposeront pas, je le pense au moins, que mes prétentions soient de vouloir enseigner le plain-chant à des hommes très honorables, mais qui savent à peine lire et écrire, et qui n'ont appris que par une routine dans laquelle ils ont vieilli; ou que cet ouvrage pourra faire perdre aux chantres actuels les mauvaises habitudes de crier au lieu de chanter et d'émettre la voix tout simplement, de faire *la grosse voix* (comme ils disent), au lieu de bien prononcer les mots et de mieux articuler les syllabes, etc., etc. Non; car ce n'est pas à eux que je m'adresse. J'écris pour la génération nouvelle.

Qu'on fasse chanter plusieurs fois à toute la classe ensemble, et après individuellement, cette échelle ou gamme. Mais avant, il faut leur faire observer que ces caractères ou notes de plain-chant en losange sont posées là pour leur rappeler seulement les deux demi-tons égaux de la gamme, et non pour indiquer une valeur différente de celle des notes carrées. Car, c'est ailleurs que cette question sera traitée.

(¹) La signification de ces deux mots réunis PLAIN-CHANT, qu'on peut supposer vouloir indiquer un chant plein, c'est-à-dire qui a de la rondeur ou qui ne laisse rien désirer, me semble inexacte. Et d'abord elle serait différente de celle du latin CANTUS PLANUS duquel le mot français doit naturellement dériver. Car, et j'en demande pardon à l'estimable M. Fétis; CANTUS PLANUS veut dire, à mon avis, chant uni, qui n'est pas accidenté ou raboteux, ou mieux que ça, un chant coulant et facile, enfin, un chant simple, religieux. Et ce qui me confirme dans ma croyance, c'est le sens que lui donne aussi la langue espagnole CANTO LLANO qui est identique à celui du latin.

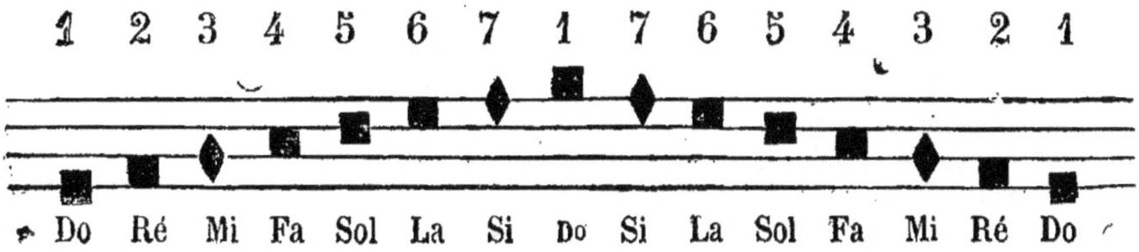
1 2 3 4 5 6 7 1 7 6 5 4 3 2 1
Do Ré Mi Fa Sol La Si Do Si La Sol Fa Mi Ré Do

2ᴱ LEÇON.

Les sons du plain-chant peuvent être, comme ceux de la musique, *normaux*, *graves*, ou *aigus.*

Seront aigus les sons placés au-dessus de la sensible normale, et graves ceux qui seront sous la tonique normale.

Quoique l'étendue de chaque classe de voix soit de onze ou de douze degrés de l'échelle des sons, cependant le plain-chant n'en parcourt ordinairement que neuf. Voilà pourquoi la portée du plain-chant est seulement de quatre barreaux noirs qui en renferment trois blancs.

Le son de la tonique normale, en plain-chant, peut être pris plus haut ou plus bas à volonté, à moins que cette tonique ne soit donnée par l'orgue, ou par tout autre instrument, à la tonique duquel, dans ce cas, il faut s'unir.

On concevra facilement que si le plain-chant est une fraction de la musique, est une partie intégrante de la musique vocale, les mêmes bases, et par conséquent les mêmes règles doivent diriger celui-ci aussi bien que celle-là. Et si les voix comme les instruments ont des sons normaux, graves et aigus, forcément le plain-chant doit avoir les mêmes classes de sons ou gammes, quoiqu'en moindre quantité. A moins de supposer qu'on veuille lui ôter son essence, qui est celle d'être *chant.* Mais, dans ce cas, ce serait comme si l'on prétendait que la peinture des feseurs d'enseignes (c'est une supposition), n'était pas de la peinture, et que les couleurs qu'ils emploient, sont d'autres couleurs que celles qu'employèrent Raphaël, Murillo, etc.

Ce n'est pas le nombre de degrés de l'échelle de sons que parcourt un morceau de chant qui en fait sa beauté, ni les sauts à des intervalles éloignés ascendants ou descendants; c'est de leur combinaison symétrique que dépend son effet plus ou moins agréable, et surtout lorsque cette combinaison a pour source l'inspiration excitée par l'impression qu'a fait sur notre âme le sens des paroles. C'est ainsi que les meilleurs morceaux de plain-chant, ceux que nous entendons pendant toute la vie (et mal chantés encore), et que chaque jour nous savourons avec un nouveau plaisir, peut-être parce que nous apprenons d'un jour à l'autre à mieux les apprécier, ne parcourent pourtant que neuf degrés de la gamme. Dans ces chants qui doivent être exécutés par tant de monde à la fois, en parcourir d'avantage ne peut-être qu'exceptionnel. La prose du jour de la Fête-Dieu, par exemple, en parcourt douze. On conçoit que l'auteur enthousiasmé par la grandeur immense du sujet se soit laissé emporter jusqu'à noter un tel excès. Mais l'effet de ce chant est-il aussi satisfaisant que son auteur se l'était promis? Je livre la solution de cette observation à l'impartialité loyale de tous les hommes qui connaissent cette prose.

A Dieu ne plaise que je prétende jamais ravaler le roi et le modèle de tous les instruments, la voix humaine, jusqu'à la soumettre à la direction mécanique d'un instrument quelconque, comme l'ont fait jusqu'ici nos prédécesseurs. Ce serait reconnaître que la volonté et le pouvoir de l'homme sont inférieurs à cette machine inerte qu'on nomme un instrument de musique. Mais c'est parce que les instruments sont des machines inanimées et qui reçoivent leur vie de l'homme, que nous nous unissons à eux, non pour en être dirigés, mais afin que la voix humaine sorte de cette fusion plus éclatante, plus brillante, et que sa valeur comparative soit mieux goûtée, sentie et appréciée.

La musique vocale, le plain-chant et l'harmonie, tout est appris par mes ouvrages, sans accompagnement d'aucun instrument, et bien moins sous leur direction.

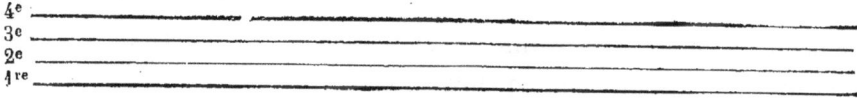

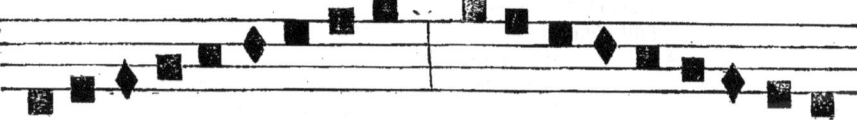

3ᵇ LEÇON.

La prosodie de la langue latine se composant seulement de syllabes longues et brèves, le plain-chant n'aura en réalité et seulement aussi que des figures longues et brèves pour chanter avec perfection la prosodie latine.

Il n'y a donc en réalité, nous le répétons, que deux classes de figures en plain-chant, des *longues* et des *brèves*, car les points à côté des longues, ainsi que les queues, lorsqu'elles en ont, sont une surabondance superflue.

Ces bases sont si simples qu'on est étonné de voir la profusion de figures dont les feseurs de méthodes de plain-chant l'ont encombré comme à loisir, et que le temps, aidé probablement par l'indifférence, a presque consacré. En effet, à quoi bon les points et les queues des notes longues? L'un et l'autre de ces deux caractères expriment la même chose, et touts les deux sont également inutiles; et cependant il faut bien les tolérer, puisque dans plusieurs églises l'un et l'autre sont admis, sont en usage. Ainsi donc, il faut prévenir les élèves que :

Le point, à côté d'une longue, prolonge la valeur de cette figure d'un temps indéterminé, arbitraire; et la queue d'une longue prolonge aussi d'un temps indéterminé sa valeur. Moins, cependant, lorsque la longue avec queue est suivie d'une brève. Alors cette longue vaut la valeur qui lui est propre, et de plus la moitié, ou à peu près, de sa propre valeur relative.

Voyez les exemples et faites les chanter, après les avoir bien faits observer aux élèves et les leur avoir expliqués, à tous ensemble d'abord, et puis individuellement.

Ne leur laissez ignorer non plus qu'il y a comme une espèce de secte, que j'appellerai rétrograde, qui, sous titre de réformatrice du plain-chant, et pour se donner le ton de faire quelque chose, essaie, ne sachant mieux faire, d'anéantir les brèves du plain-chant, sous prétexte de remettre le chant religieux comme il était en son état primitif dans l'église, à ce qu'ils disent.

J'ignore comment les premiers chantres de l'église chantaient le plain-chant; mais il me semble que ce n'est pas flatteur pour eux que de leur supposer avoir chanté le latin en barbares, en ignorants, et enfin en gens qui auraient adressé à Dieu des injures au lieu de prières et de louanges.

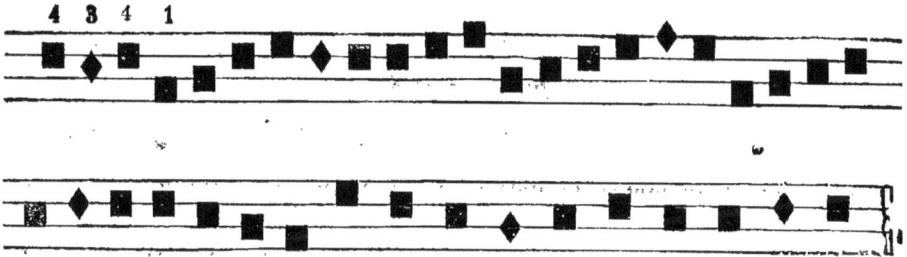

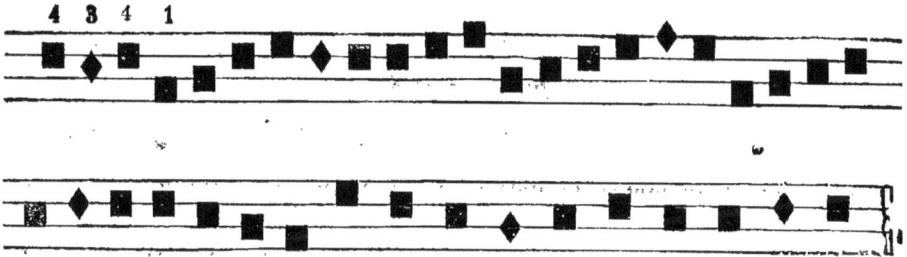

PREMIÈRE ANTIENNE DES PREMIÈRES VÊPRES

DE LA RÉVÉLATION DU CORPS DE SAINT ÉTIENNE, PREMIER MARTYR.

(3 Août.)

POST-COMMUNION DE LA FÊTE DE SAINT JOACHIM ET SAINTE ANNE.

(26 Juillet.)

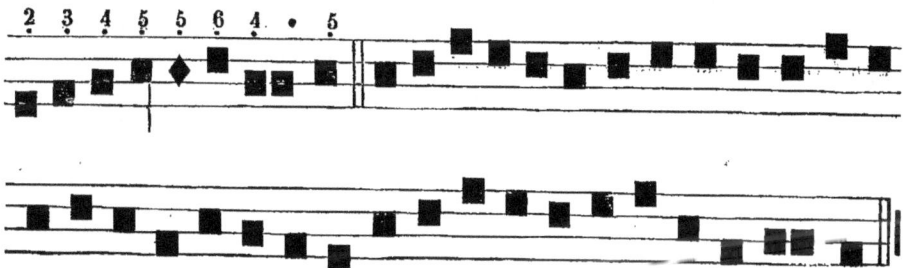

4ᴱ LEÇON.

Il n'y a que deux sortes de clefs en plain-chant, celle de *fa*, et celle de *do*.

La clef de *fa*, qui est la plus basse, se pose sur les deuxième et troisième barreaux noirs, et rarement sur le quatrième; et celle de *do* sur tous les barreaux noirs de la portée.

Le barreau sur lequel est posée la clef sera un *fa*, ou un *do* si c'est la clef de *do*; mais ces *fa* ou ces *do* ne seront pas toujours la tonique.

On appelle *solfége* les exercices de chant gradués, mais où l'on nomme les notes en les chantant d'après les deux bases données, les clefs et les toniques.

Les deux seules clefs de *fa* et de *do* qui sont en usage pour le plain-chant sont un fait qui prouve jusqu'à l'évidence quelle a été la nécessité qui les a fait surgir.

L'Église n'admettant, dans son universalité, que les hommes et les enfants mâles pour chanter les offices divins, la clef la plus haute, celle de *sol* en musique, et qui est pour la voix de femme, était inutile, inacceptable. C'est ainsi qu'on trouve rarement même la clef de *do* au premier noir en plain-chant, parce que celle-ci appartient à la généralité de la voix des enfants. C'est seulement pour chanter le plain-chant en harmonie qu'elle devient nécessaire, pour les enfants.

Que messieurs les maîtres fassent observer aux élèves la puissance que l'habitude exerce sur l'homme. Tout le monde musical, ou à peu près, a accepté le changement de l'*ut* en *do*, apporté il y a quelques années de l'Italie. Eh bien! malgré cette petite et bien mince victoire remportée sur la routine, elle était si enracinée que ceux mêmes qui disent *do* à l'ancien *ut* ne peuvent, qu'à grand peine, se décider à dire *clef de do* à la morte et bien enterrée clef d'*ut*. Comme ils marchandent aussi pour dire *ton de do* à leur ancien ton d'*ut*.

Qu'on fasse connaître aux élèves la forme de deux clefs sur les barreaux où elles se posent, et ensuite qu'on leur fasse chanter ces exemples, leur recommandant de bien articuler les syllabes *do, ré, mi, fa, sol, la,* et *si* pour obtenir le même bon résultat, plus tard, lorsqu'on chantera avec les paroles, mais sans aucune affectation, car alors ce serait tomber dans l'excès contraire. Ils doivent prononcer en chantant ces monosyllabes, ou en solfiant, comme ils le feraient en parlant ou en déclamant, pour se faire le mieux comprendre.

— 9 —

Clefs de *fa*.   Clefs de *do*.

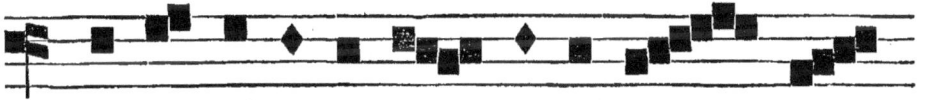

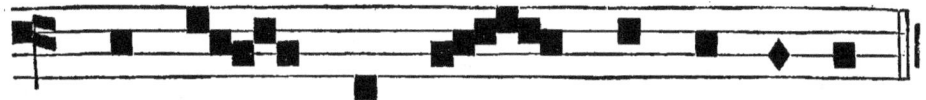

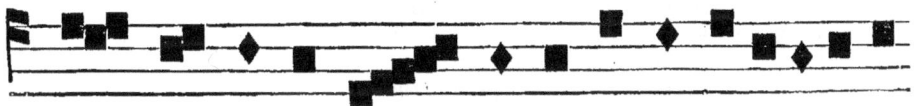

5ᵉ LEÇON.

Le plain-chant *est mesuré*, mais il n'est pas rhythmé.

On appelle rhythme la décomposition de l'unité en plusieurs fractions.

Toutes les notes longues sont d'une valeur égale, comme toutes les brèves ont la moitié de la valeur relative des longues.

Le bâton de mesure de la musique est remplacé par un bâton plus court, et s'appellera, en plain-chant, *bâton de ponctuation.*

Si le plain-chant n'était pas mesuré, il ne pourrait pas être chanté à l'unisson par plusieurs personnes; car c'est la régularité de la valeur de l'unité, représentée par la longue, qui réunit toutes les voix comme en un faisceau. Mais cette régularité ne peut être décomposée en fractions, comme en musique, et de là l'absence de rhythme. L'unique variété que le plain-chant se permet, et encore parce qu'il y est forcé par la prosodie du latin, est celle de la demi-unité, ou à peu près, comme il est déjà dit; mais jamais d'autres fractions ne devraient être admises, parce que la multitude aurait trop de peine pour les comprendre, et ne pourrait les exécuter bien; alors ce ne serait plus du *plain-chant.*

J'ai déjà dit ailleurs que le plain-chant est à la musique comme la prose d'une langue à sa poésie, c'est-à-dire qu'il n'est pas rimé ni rhythmé, comme les paroles, en général, sur lesquelles il est fait. Tandis que l'essence de la musique est d'être non seulement mesurée, comme le plain-chant, mais encore rimée comme la plus élevée et la plus sublime poésie; et rhythmée, c'est-à-dire que son unité peut être divisée et sous-divisée en autant de fractions que l'on voudra, à l'infini. Est-ce dire que le plain-chant doit être chanté avec toute la monotonie qu'offrirait une suite de longues et de brèves seulement, sans aucune ponctuation, et comme lisent en général les enfants dans les écoles primaires? Loin de nous cette pensée; mais, tel est pourtant l'effet que produit le plain-chant de nos églises, par les raisons suivantes: 1° parce que les bâtons de ponctuation sont ordinairement mal placés; 2° parce que, dans quelques liturgies, il y a un bâton pour la séparation de chaque mot (1), absurdité qui produirait l'effet le plus détestable si l'on observait rigoureusement leur objet; et 3° parce que ce grand nombre de bâtons confond les chantres à un tel point, qu'ils ne s'arrêtent bien que par hasard pour respirer, prendre haleine, et relever ainsi avec plus d'éclat et de force, par le chant, le sens des paroles.

Il faut donc faire bien comprendre ces vérités aux élèves; l'objet des bâtons de ponctuation est celui de faire bien sentir le sens imprimé aux phrases des paroles par les virgules, points-et-virgules et points, etc., ou, lorsqu'une phrase est trop longue (en paroles et en plain-chant), pour donner la facilité au chantre de respirer sans briser le sens de la même phrase. Autrement, ce serait chanter véritablement à contre-sens. En un mot, les bâtons de ponctuation, en plain-chant, remplacent les rimes ou finales des vers en musique.

Voyez et faites chanter les exemples.

_____

(1) Celle de Bourges.

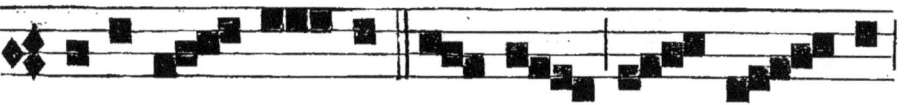

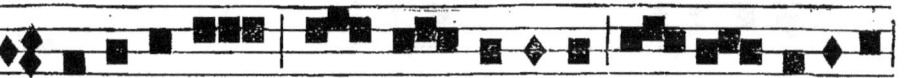

6ᵉ LEÇON.

DEUXIÈME EXERCICE.

7e LEÇON.

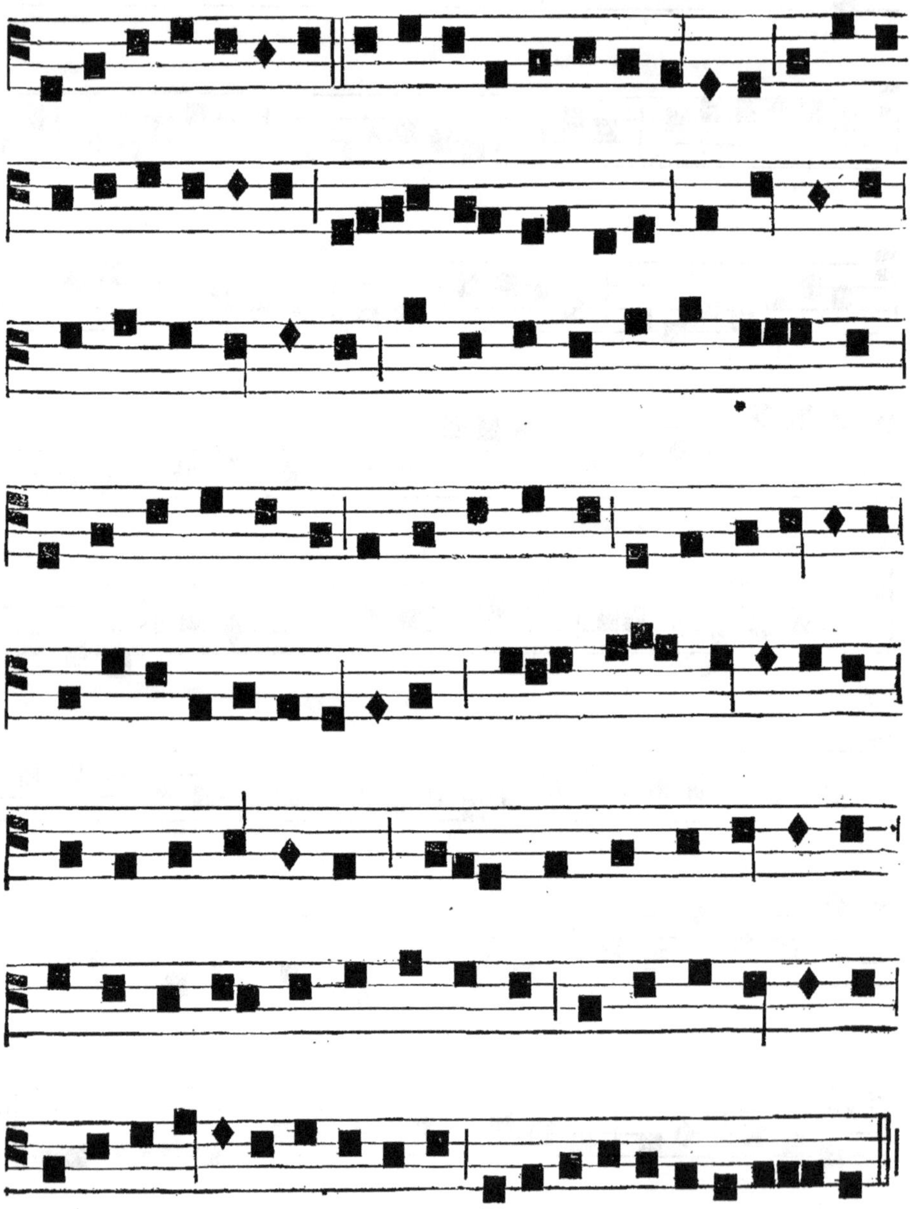

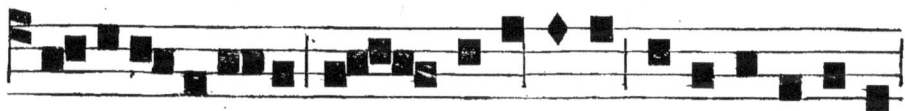
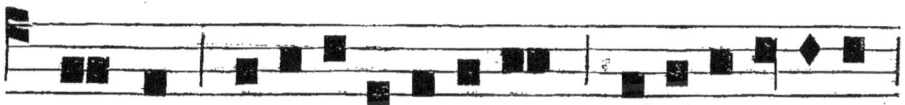
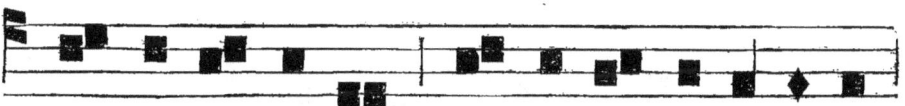

8ᵉ LEÇON.

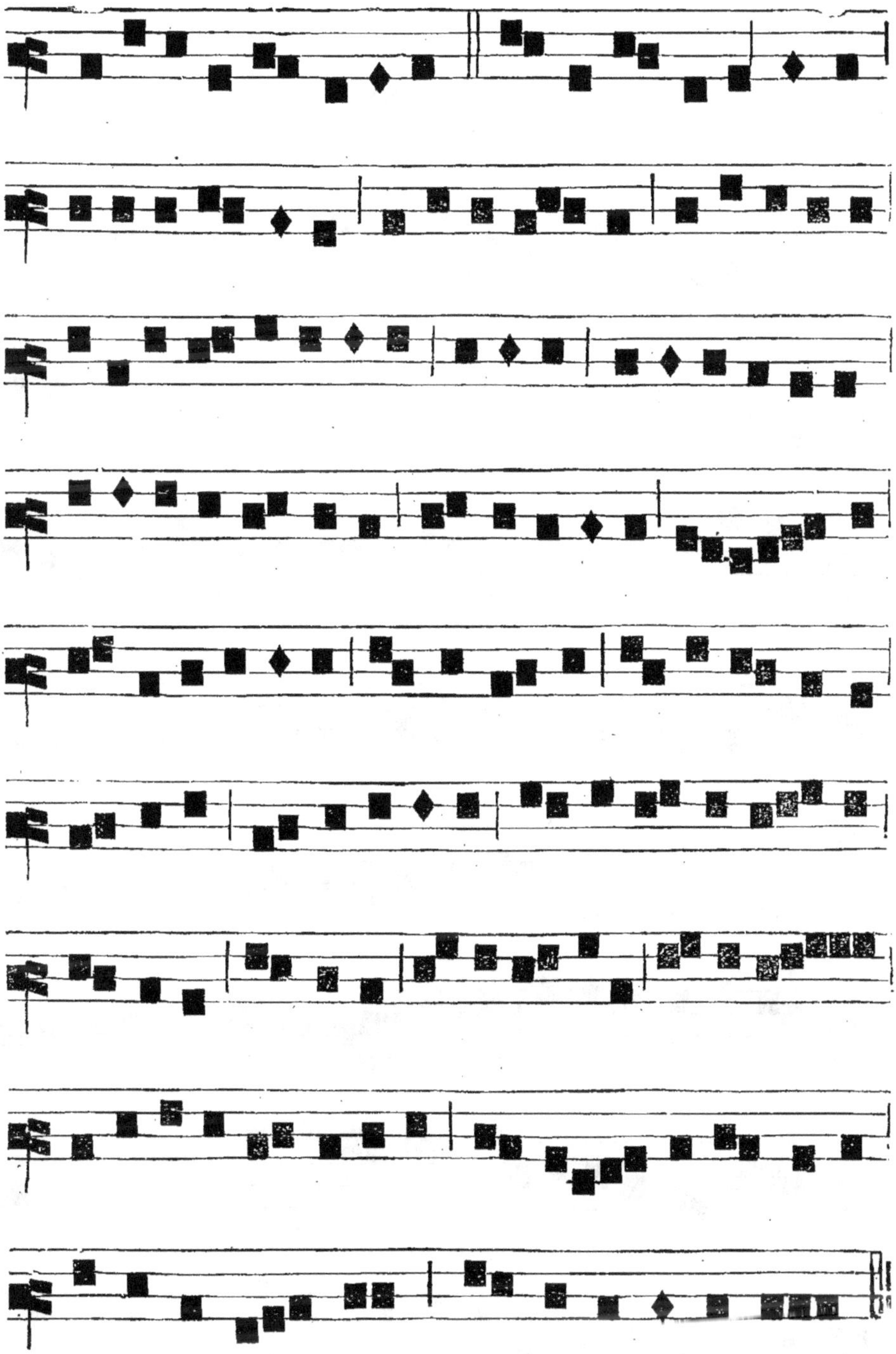

9ᵉ LEÇON

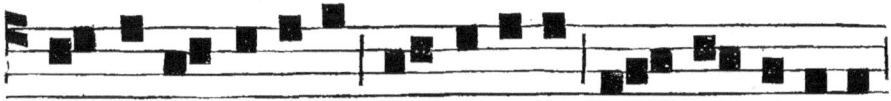

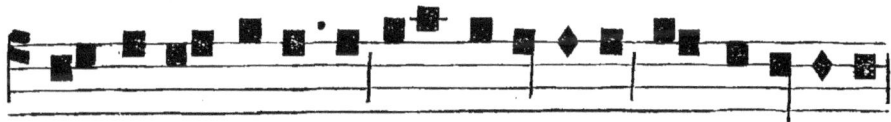

10ᴱ LEÇON.

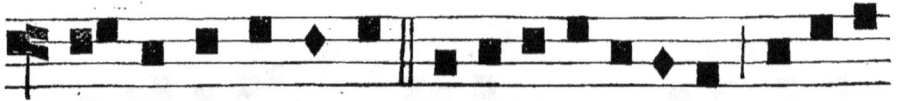

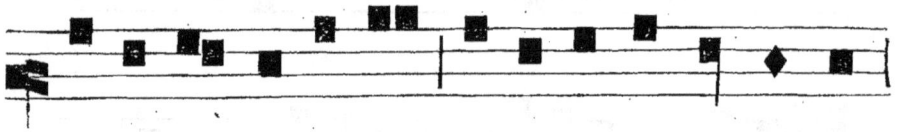

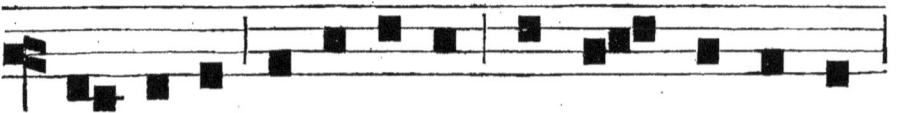

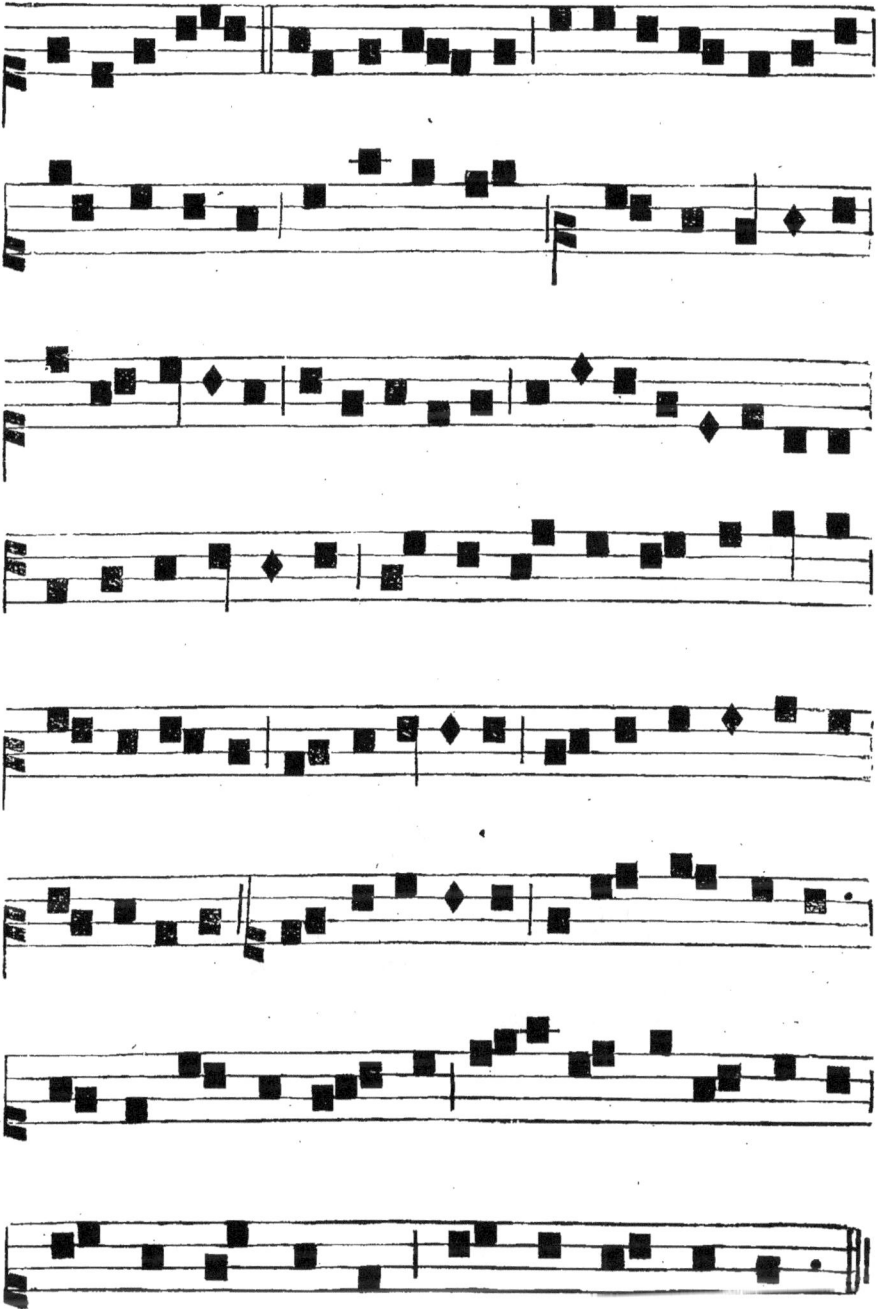

11ᴱ LEÇON.

Il y a, en plain-chant, quatre toniques ou finales seulement : ce sont celles de *ré*, de *mi*, de *fa* et de *sol*.

De chacune de ces toniques ou finales ressortent deux tons. Il y a donc en plain-chant huit tons.

Ces huit tons sont nommés premier, deuxième, troisième, quatrième, cinquième, sixième, septième et huitième.

La gamme de chacune de ces toniques est considérée comme spéciale, exceptée celle de *fa* que l'usage a identifiée à la gamme modèle de toute musique, celle de *do*.

Réduit à huit tons principaux sous quatre toniques seulement, le plain-chant peut être considéré comme facile, ainsi que l'indique son titre. Et d'ailleurs, si l'on supposait même que chacune de ces gammes est différente, les élèves verraient tout de suite que tous ces prétendus modes ne sont autre chose que la gamme modèle de *do*, mais commencés par le *ré*, le *mi*, le *fa* ou le *sol* avec les deux demi-tons à chacune de ces gammes, et toujours du *mi* au *fa* et du *si* au *do*. Pourquoi les élèves ne nous reprocheraient-ils pas alors d'admettre ces soi-disant huit modes pour le plain-chant, tandis que la musique, d'où il sort, n'en a que deux ? Est-ce que le plain-chant renierait son origine ? Mais il vaudrait autant prétendre que les hommes d'une secte ne sont plus les frères des autres hommes.

Faites chanter les exemples comme d'ordinaire.

— 23

TONIQUE OU FINALE.

Ré, ré, *ou* ré.

TONIQUE OU FINALE.

Mi, mi, *ou* mi, mi.

TONIQUE OU FINALE.

Fa, fa, *ou* fa, fa.

TONIQUE OU FINALE.

Sol, sol, *ou* sol.

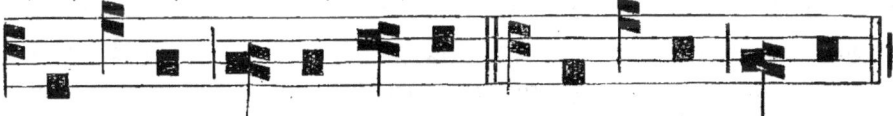

GAMME ASCENDANTE ET DESCENDANTE DE LA TONIQUE *RÉ.*

GAMME ASCENDANTE ET DESCENDANTE DE LA TONIQUE *MI.*

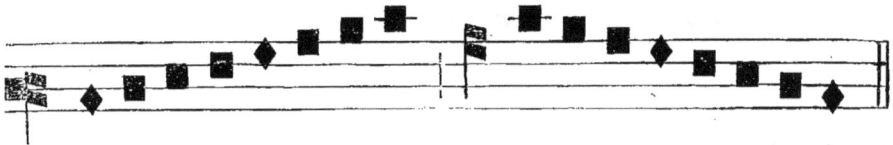

GAMME ASCENDANTE ET DESCENDANTE DE LA TONIQUE *FA.*

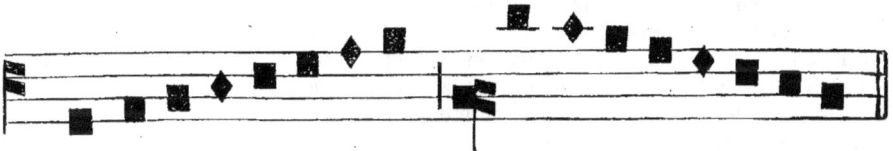

GAMME ASCENDANTE ET DESCENDANTE DE LA TONIQUE *SOL.*

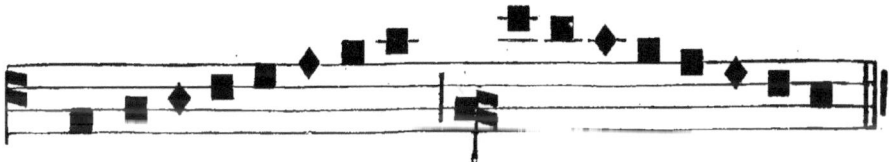

12ᵉ LEÇON.

Les intervalles conjoints de *do ré*, *ré mi*, *mi fa*, *fa sol*, etc., s'appellent des *secondes*. Les disjoints peuvent être des *tierces*, comme *do mi*, *ré fa*, *mi sol*, etc., des *quartes*, comme *mi la*, *fa si*, *sol do*, etc., ou des *quintes*, comme *ré la*, *mi si*, *fa do*, etc., et ainsi de même pour les *sixtes* et les *septièmes*.

Les secondes qui se composent d'un intervalle ou d'un ton, comme *do ré*, *ré mi*, etc., sont *majeures* par comparaison à celles qui sont composées d'un demi-intervalle ou demi-ton, comme *mi fa* et *si do*, etc., qui sont *mineures*.

Les tierces qui se composent de deux intervalles ou de deux tons, comme *do mi*, *fa la* et *sol si*, sont *majeures* par comparaison à celles qui sont composées d'un intervalle et demi, ou d'un ton et un demi-ton, comme *ré fa*, *mi sol*, *la do* et *si ré*, qui sont *mineures*.

Cette distinction des intervalles en majeurs et mineurs seulement m'a toujours parue être rationnelle, et par conséquent saisissable même par les intelligences bornées ; d'autant plus qu'elle est exacte, et que tout se résume à avoir, l'intervalle donné, un demi-ton de plus ou de moins pour être majeur ou mineur, c'est-à-dire à être plus long ou plus court d'un demi-ton.

Il n'y a pas ici de *tierces justes*, comme on le disait anciennement, ce qui ferait supposer qu'il y en avait de *non justes*. Absurdité qui égarait les élèves de plain-chant et de musique, au lieu de les éclairer et de les conduire dans la voie du progrès et de la perfection.

Faites analyser et chanter ces exemples.

EXERCICE DE *SECONDES* ASCENDANTES ET DESCENDANTES.

EXERCICE DE *TIERCES* ASCENDANTES ET DESCENDANTES.

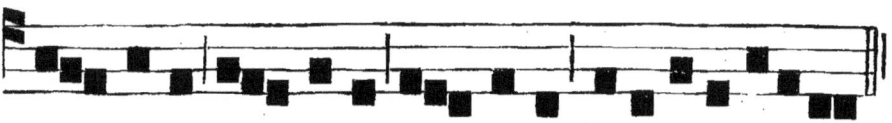

13ᵉ LEÇON.

Les quartes, qui se composent de deux intervalles et demi, comme *do fa*, *ré sol*, *mi la*, etc., sont *mineures* par comparaison à celle de *fa si*, l'unique qui soit composée de trois intervalles ou trois tons, d'où les anciens lui avaient donné le nom de *triton*. Nous la fesons rentrer dans le giron des autres intervalles, l'appelant *majeure*.

Les quintes qui se composent de trois tons et un demi ton, comme *do sol*, *ré la*, *mi si*, etc., sont *majeures*, par comparaison à celle *si fa*, l'unique qui soit composée de deux tons et deux demi-tons. Elle est *mineure*.

Les sixtes et les septièmes sont aussi majeures ou mineures, à la différence entre elles d'un demi-intervalle, ou demi-ton.

La quarte majeure ou triton des anciens a été l'objet de beaucoup de digressions musicales et de plain-chant, dont j'avoue en toute humilité n'avoir pas compris l'intérêt ; et surtout aujourd'hui qu'il est prouvé et démontré que tous les tons de la musique sont égaux, et que dans tous il y a la quarte majeure ainsi que la quinte mineure, l'épouvantail du triton ne peut pas effaroucher même les enfants. A quoi bon dès-lors conserver ce grand mot, qui, sans être faux ni inexact, semble pourtant avoir la prétention d'indiquer une chose, tandis qu'il ne fait en réalité que séparer de la loi générale l'intelligence, qui, sans lui, suivrait d'un pas ferme la voie du progrès.

On pourrait en dire bien plus de la quinte mineure *si fa*, car tout le monde n'a pas encore oublié que même les hommes du plus grand génie musical l'appellaient *quinte fausse*, et que cette préten-due fausseté était constatée par les facteurs et accordeurs d'orgues, qui, renchérissant sur la valeur du mot, l'appellaient *quinte du loup*.

Heureusement que ces égarements de la science n'ont plus lieu aujourd'hui que l'esprit d'inves-tigation aidé des sciences exactes fait disparaître, les unes après les autres, toutes les règles fausses ou hasardées.

Il est inutile d'ajouter un mot de plus sur les sixtes et les septièmes, parce que je crois suffisant ce qui est récité et appris dans cette leçon, et ensuite parce qu'on a très rarement besoin, en plain-chant, de ces intervalles.

EXERCICES DE *QUARTES* ASCENDANTES ET DESCENDANTES.

EXERCICES DE *QUINTES* ASCENDANTES ET DESCENDANTES.

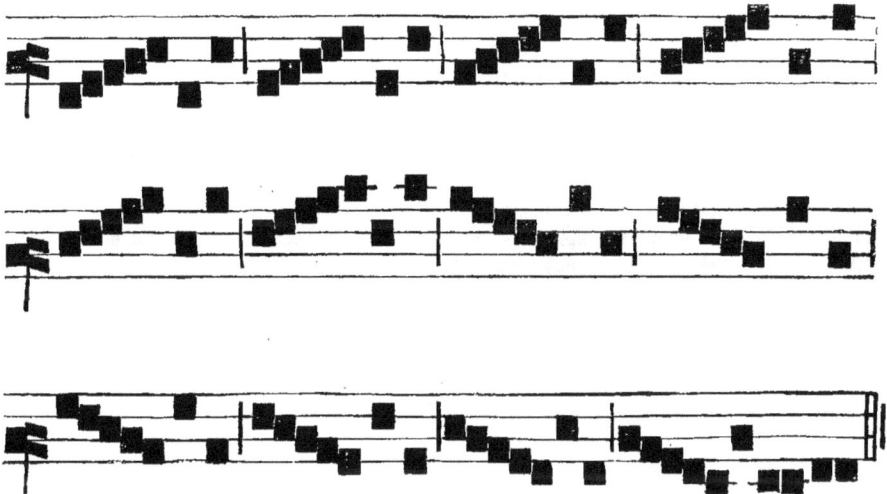

14ᵉ LEÇON.

Les tons ou gammes dont la première tierce est mineure, comme celles des toniques *ré* et *mi*, sont *mineures*. Les tons ou gammes dont la première tierce est majeure, comme celle des toniques *fa* et *sol*, sont *majeures*.

Il n'y a donc, en plain-chant comme en musique, que deux modes, *majeur* et *mineur*.

Les premier, deuxième, troisième et quatrième tons du plain-chant sont donc mineurs, ou du mode mineur; et les cinquième, sixième, septième et huitième tons sont majeurs, ou du mode majeur.

Que la mélodie, le chant ou la facture d'un ton de plain-chant soit différents des autres, il ne s'ensuit pas qu'il forme un mode; car alors chaque morceau de musique vocale ou instrumentale formerait aussi, et avec plus de raison, un mode; puisqu'en général chacun a sa manière, c'est-à-dire son plan et son rhythme, quoique plusieurs soient au même ton.

Je sais bien que l'usage, l'habitude, et peut-être aussi une irréprochable conviction repousseront mes raisonnements et les démonstrations qui les accompagnent pour un temps donné; mais je l'ai déjà dit, j'écris pour la nouvelle génération. Je ne puis me résoudre à l'égarer en la conduisant par des sentiers parfois intransitables, tandis qu'il y a à côté des routes royales et de magnifiques lignes de chemins de fer qui vont au même but.

On fait exécuter les quatre exemples de cette leçon comme d'ordinaire; et l'on demande aux élèves dans quel mode est chacun des quatre, et le pourquoi.

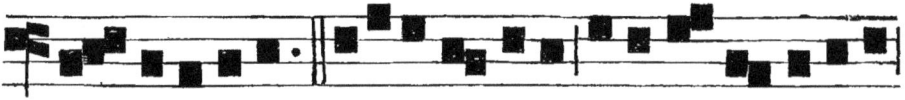

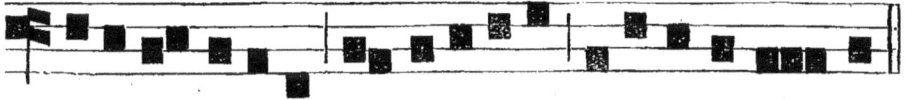

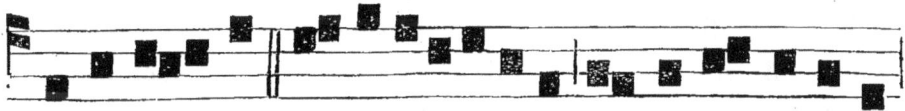

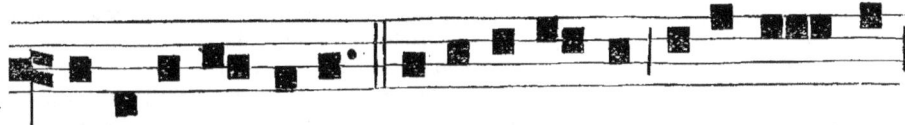

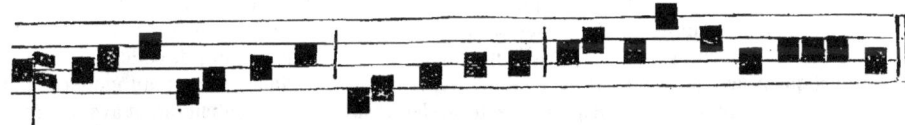

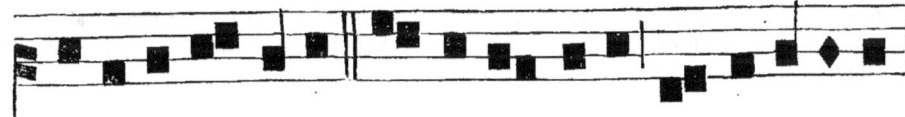

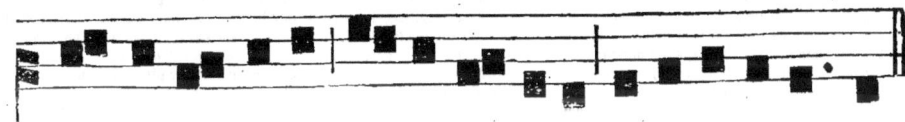

15ᴱ LEÇON.

Le dièse est dans la tonalité, et en plain-chant il n'est jamais visible (¹).

Le dièse fait hausser la note d'un demi-ton, et cette note devient la sensible, c'est-à-dire le septième degré de l'échelle basée sur n'importe quelle tonique. Ainsi, de la note du plain-chant qui est placée conjointement dessous la tonique, avant ou après, à cette même tonique, il n'y a jamais qu'un demi-ton, pourvu qu'elle soit conjointe.

En effet, que la tonique ou finale d'un morceau de plain-chant soit *ré*, *mi*, *fa* ou *sol*, incontestablement la note immédiate au-dessous de cette tonique sera forcément la sensible ; et personne aujourd'hui ne peut ignorer, il me semble, que de la sensible à la tonique il n'y a qu'un demi-ton, n'importe que cette tonique appartienne au mode mineur ou majeur. Bien plus, cette sensible se fait sentir aussi bien au milieu, ou pendant le cours d'un morceau, qu'à la fin d'une phrase, pour faire une virgule, point-et-virgule ou un point ; ou même sans cela, au milieu d'une phrase de plain-chant, avant d'arriver à la ponctuation ; car tous ces cas se présentent naturellement en plain-chant, comme les rimes ou finales des vers en musique. Eh bien ! si l'on n'observe pas toutes ces règles, comment voulez-vous que le plain-chant ne soit pas le chant le plus barbare ? Et pourtant il y a des hommes qui donnent ces conseils, ayant toujours la prétention de vouloir ramener le plain-chant à son état primitif ! Que n'écoutent-ils le bon sens du peuple, de cette multitude qu'on raille et qu'on accuse de ne pas avoir d'oreille, et qui est pourtant, en cela du moins, la même masse que celle qui existait une quinzaine de siècles avant nous ! Ils entendraient avec étonnement peut-être que ces ignorants s'avisent de faire le dièse avec perfection là où la tonalité l'exige, s'inquiétant fort peu de savoir ce que c'est qu'un dièse, et bien moins de la manière de le chanter ; au grand désespoir, parfois, des chantres qui voudraient étaler avec éclat et magistralement leur savoir, en empêchant ce bon public de bien faire, c'est-à-dire de chanter rationnellement, d'après l'impulsion de la tonalité.

---

(1) On a observé qu'effectivement, dans l'ancien plain-chant, le dièse ne paraît nulle part. Faut-il en déduire que les anciens chantaient le plain-chant sans faire aucun dièse ? Mais alors ce serait supposer l'ancien peuple bien plus barbare que le contemporain, que l'on calomnie déjà certes bien assez, il me semble, puisque celui-ci fait les dièses lorsqu'il n'est pas guidé ou forcé par les chantres, partout où la tonalité l'exige. C'est donc bien mal à propos que dans quelques liturgies, et notamment dans celle de Bourges, on a introduit la figure du dièse, et encore non placé partout où il en est besoin. C'est avoir créé une difficulté de plus à vaincre sans nécessité. C'est en un mot, prétendre faire sortir le plain-chant de l'état modeste et propre de sa destination : CANTUS PLANUS.

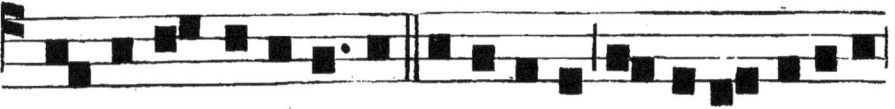

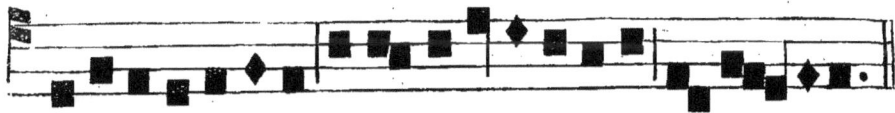

16ᵉ LEÇON.

Le bémol est aussi dans la tonalité, et en plain-chant il ne devrait pas être visible; mais l'usage en a disposé autrement dans les cas suivants :

1° Dans les cinquième et sixième tons, parce que les deux ont la même tonique *fa*. Cependant, au cinquième, le bémol est placé à côté de la clef, *diatonique* (¹), tandis que, dans le sixième, il n'est placé souvent qu'*accidentellement* (²), lorsque la tonalité l'exige.

2° Dans les premier et deuxième tons; mais dans ces deux il n'y est placé diatonique qu'exceptionnellement (³), et plus souvent invisible.

Le bémol, figure comme celle d'un mauvais b, se pose sur le *si*, et fait baisser la note d'un demi-ton. Cette note, dans les cinquième et sixième tons, devient sous-dominante ou quatrième degré de la gamme. Dans ce cas, on dira *do*, pour chanter à la tonique *fa*.

Par règle générale, on fait le bémol, quoique invisible, lorsque la mélodie ne monte que jusqu'au *si* normal; car si elle va plus haut, on ne bémolise pas ce même *si*. On le bémolise encore, lorsque la mélodie descend du *ré* ou du *do* aigu; et enfin, on le fait aussi dans le *si* grave du deuxième ton, suivant la même règle que pour le *si* normal du premier.

On est forcé de donner tous les détails contenus dans cette leçon, parce qu'on dirait que nos anciens avaient pris le bémol pour le *Barbe-Bleue* des élèves du plain-chant. Tel est le résultat d'une première faute, et telle la pente suivie par l'égaré : se perdre. Si l'on avait été conséquent, on aurait fait pour le bémol ce qu'on faisait pour le dièse, ne pas en mettre. Au moins, si c'est une faute de chanter sur la tonique *sol* sans diéser diatoniquement le *fa* (dans le huitième ton), cette même faute se reproduisant sur le cinquième ton, qui a pour tonique le *fa*, quand même ce *si* serait sans bémol diatonique, on aurait pu en tirer, ou du moins supposer, une conséquence plus ou moins raisonnable.

Dans l'impuissance où je suis d'apporter un remède efficace à ces exceptions sans règle, je ne puis que déplorer cet état du plain-chant, et je me vois en conséquence forcé de me laisser entraîner, bien malgré moi pourtant, dans la voie absurde de l'usage.

On fera bien observer et chanter les exemples.

(1) DIATONIQUE, veut dire posé à côté de la clef dans toutes les portées du morceau, et alors tous les si sont bémolisés.
(2) Posé avant le si qui doit être baissé d'un demi-ton; mais les autres si ne le sont pas.
(3) Comme par exemple le 9ᵉ répons des matines de l'Assomption, dans la liturgie de Bourges, etc.

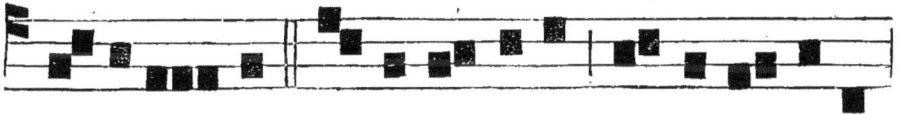

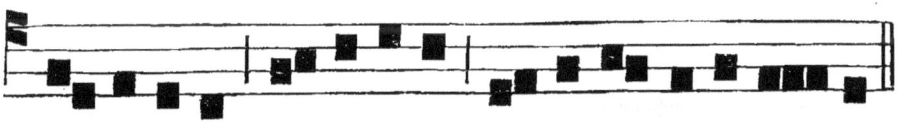

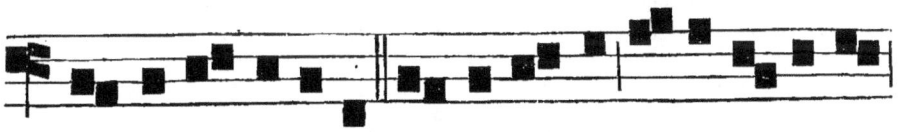

17ᴱ LEÇON.

L'office divin, en plain-chant, se divise en trois parties principales renfermées dans trois gros volumes séparés, qui sont appelés le *Graduel*, l'*Antiphonaire* et le *Psautier*.

Le Graduel se compose de tout ce qu'on chante dans la grand'messe, comme *Introït*, *Kyrie*, *Gloria*, etc.

L'Antiphonaire se compose de tout ce qui se chante dans le reste de l'office, comme matines, laudes, heures, vêpres et complies, etc., en antiennes, répons, versets, hymnes et invitatoires, etc.

Et le Psautier se compose de la totalité des psaumes, qui doivent être chantés chacun dans le ton marqué par l'antienne qui le précède, ou qu'on indique seulement avant d'entonner le psaume.

Dans cette leçon, on s'appliquera à faire comprendre aux élèves la division des trois parties qui composent tout l'office divin et qui sont le sujet de la leçon; et ensuite on fera chanter l'*Introït* avec le psaume, le verset et la reprise, comme il est marqué à l'exemple.

A la dix-huitième leçon, on commencera la théorie pratique de la partie de plain-chant appelée *Graduel*.

La théorie de la psalmodie, qui n'est qu'indiquée dans le dernier alinéa de cette leçon, sera developpée, plus tard, dans une série de leçons spéciales.

C'est ici que j'explique la différence qui existe entre les notes séparées les unes des autres par une distance équivalente à leur propre forme, et celles qui ne le sont pas; différence que les élèves auront déjà remarquée dans les leçons antérieures. Dans le premier cas, il doit y avoir une syllabe pour chaque note; dans le second, il y a une syllabe pour toutes les notes qui se touchent, comme on le voit dans cet *Introït*, etc. De plus, lorsque deux ou plusieurs notes de la même espèce n'ont qu'une seule syllabe, le son de la première note est augmenté d'autant de fois qu'il y a de notes à son côté, comme on le voit aussi dans cet *Introït*.

MESSE DE LA FÊTE DU TRES-SAINT SACREMENT.

INTROIT.

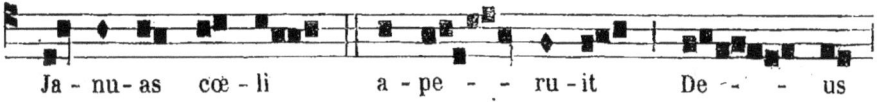

Ja - nu - as cœ - li a - pe - - ru - it De - - - us

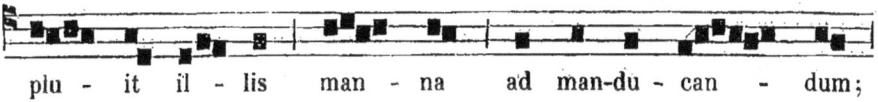

plu - it il - lis man - na ad man-du - can - dum;

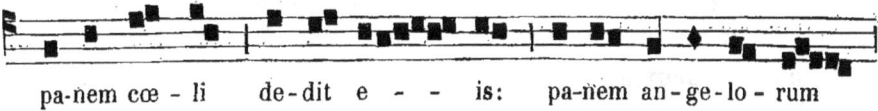

pa-nem cœ - li de-dit e - - is: pa-nem an-ge-lo-rum

mandu-ca - - - - vit ho - mo.

PSAUME.

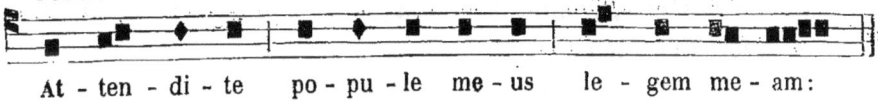

At - ten - di - te po - pu - le me - us le - gem me - am:

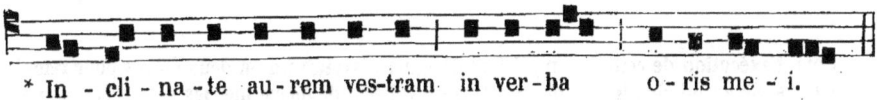

* In - cli - na - te au-rem ves-tram in ver-ba o - ris me - i.

℣. Glo - ri - a Pa-tri et Fi - li - o et Spi - ri - tu - i Sanc-to: * Si - cut e-rat

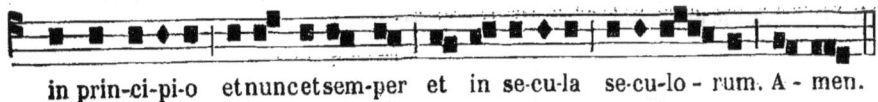

in prin-ci-pi-o etnuncetsem-per et in se-cu-la se-cu-lo - rum. A - men.

18ᵉ LEÇON.

GRADUEL.

C'est le grand chantre, ou l'un des chantres coryphées, qui, pour commencer la messe, entonne seul l'*introït* jusqu'aux deux barres; et, sitôt que l'*introït* est fini par le chœur, le même chantre chante le psaume. Lorsque la réponse au psaume est faite par le chœur, le grand chantre chante le *Gloria Patri* sur le même chant que celui du psaume, et, après la réponse du chœur, il recommence encore l'*introït*, comme la première fois.

Aussitôt que l'*introït* est fini, le grand chantre entonne le premier *kyrie*, que le côté du chœur désigné suit : après, c'est l'autre côté du chœur qui chante le deuxième *kyrie*, le premier côté reprend le troisième *kyrie*, le deuxième côté dit le premier *Christe*, et ainsi de suite jusqu'au neuvième *kyrie*, dans lequel les deux côtés du chœur chantent ensemble, depuis les deux autres barres qu'on y trouvera jusqu'à la fin.

Dans les églises où il y a un orgue, c'est lui qui entonne et remplace, ordinairement, le premier côté du chœur. Dans ce cas, tout le chœur ensemble forme le deuxième côté, et ainsi de suite pour toutes les autres parties de la messe, comme le *Gloria*, le *Sanctus*, l'*Agnus* et le *Domine salvum*, lorsqu'on le chante.

Pour l'exécution de cette leçon, il faut désigner d'avance un ou deux élèves pour remplir les fonctions de grand chantre ou de chantres coryphées, de même que les deux côtés qui doivent partager le chœur.

Ces dispositions prises, on fera chanter de nouveau l'*introït* de la leçon précédente, qui est celui de la Fête-Dieu, comme toute la messe qui suit, divisée en huit leçons.

Cette messe doit être chantée très posément; et ensuite on chantera aussi les *kyries* de Dumont de l'exemple. Cette messe de Dumont est chantée, généralement, dans les plus grandes fêtes, celles du rite annuel, qu'on verra plus tard (¹).

On portera l'attention surtout à faire bien articuler, par les élèves, les syllabes sans faire de contorsions, et à ce qu'ils émettent toute leur voix sans effort. Enfin, si on le croit nécessaire, on fera solfier le tout avant de chanter avec les paroles.

(1) L'auteur sait très bien que ni celle-ci, ni aucune autre messe, ne peut être donnée comme règle générale du rite, parce que les exceptions sont plus nombreuses, et conséquemment plus fortes, dans leur totalité, que la règle.

KYRIES DE LA MESSE DE DUMONT.

Ky - ri - e, e — — — — le - ï - son.   3 fois

Chris - te, — — e - - le - ï - son.   3 fois

Ky - ri - e, — — e - - le - ï - son.   2 fois.

Ky - ri - e, — — e - - e - le - ï - son

19ᴱ LEÇON.

Avant de commencer la messe, comme il est expliqué dans la leçon précédente, on fait l'aspersion de l'eau bénite. Le celébrant, à cet effet, entonne le chant voulu, et le chœur chante dans le même ordre qu'il est dit pour l'*introït* (¹). Le prêtre dit ensuite le verset (²) auquel répond le chœur; celui-là dit l'oraison, et après l'*amen* du chœur on fait d'ordinaire, et spécialement dans les cathédrales, la procession autour de l'église en chantant un répons propre de la fête. Quand la procession est rentrée dans le chœur, on commence la messe.

Lorsque les *kyries* de la messe sont finis, le prêtre entonne le *Gloria in excelsis Deo*, et le chœur, divisé en premier et deuxième côté, ou l'orgue et le chœur en totalité, chantent tout le reste du *Gloria*, dans le même ordre prescrit pour les *kyries*.

On maintiendra le même ordre dans la classe, et on le suivra exactement pour cette leçon, ainsi que pour toutes celles qui suivent, comme on l'a fait pour celle qui précède, et on aura soin de chanter toujours très lentement le *gloria*, comme tout le reste, et surtout en faisant prononcer les notes bien nettement.

(1) L'aspersion de l'eau bénite se fait les dimanches seulement.
(2) Dans les églises où les enfants-de-chœur en sont capables, ce sont eux qui chantent tous les versets de l'office divin avant les oraisons.

GLORIA IN EXCELSIS DEO.

Et in ter-ra pax ho-mi-ni-bus bo-næ vo-lon-ta - tis. Lau-da-mus te.

Be-ne-di-ci-mus te.   A - do-ra - mus te.   Glo-ri - fi - ca - mus te.

Gra-ti-as a- gi-mus ti - bi   prop-ter mag-nam glo - ri - am tu - am.

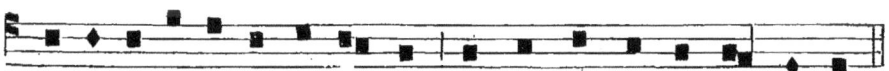

Do-mi-ne De-us Rex cœ-les - tis,   De - us Pa - ter om - ni - po-tens.

Do - mi - ne Fi - li   u - ni - ge - ni - te,   Je - su   Chris - te.

Do-mi-ne De-us, Agnus De-i,   Fi -li-us Pa - tris. Qui tol-lis pecca-ta mundi.

mise-re-re no-bis. Qui tollis peccata mundi, sus-ci-pe deprecati-o-nem nostram.

Qui se- des   ad   dex-te - ram Pa - tris, mi -se - re - re no - bis.

Quo-ni-am tu so-lus sanc - tus: tu so-lus Do - mi-nus; tu so - lus

Al-tis-simus, Je-su Christe, Cum Sancto Spi - ri-tu, in glo-ri-a De-i Pa - tris.

A — — — — men.

20ᵉ LEÇON.

Après le *Gloria*, après les réponses faites par le chœur à l'officiant, et après la lecture de l'Epître, on chante le *Graduel* (¹).

D'abord le grand chantre (ou l'un des deux coryphées) entonne jusqu'aux deux barres, et le chœur reprend de là jusqu'aux ℣ après les deux barres. Ce ℣ veut dire *verset*, lequel verset doit être chanté par les deux chantres ou par les enfants-de-chœur jusqu'aux deux barres suivantes. Là, c'est le chœur qui reprend jusqu'à la fin du verset.

Le grand chantre (ou l'un des deux coryphées) dit le premier *Alleluia*, et le chœur le deuxième. Ensuite, c'est encore les deux coryphées, ou deux autres coryphées nommés exprès, qui chantent le nouveau verset jusqu'aux barres, et là c'est le chœur qui reprend pour finir. Après, le grand chantre dit le deuxième *Alleluia*, et le chœur le finit, s'il n'y a pas de prose à chanter, car alors l'orgue ou le premier côté du chœur la commence, et on la dit dans le même ordre que les *kyries* et le *gloria*, sans finir la *neume* (²).

On appelle *neume*, la suite de notes qui doivent être dites sur la dernière syllabe ou voyelle de l'*Alleluia* ou du verset.

Dans quelques églises, on chante après la prose une antienne pendant que le diacre va chanter l'Evangile.

Observez que la *neume* ou finale d'un verset ou d'un *Alleluia*, ainsi que toute autre grande suite de notes sur une seule syllabe ou sur la dernière voyelle d'un mot, est si choquante, en général, et si absurde pour les oreilles musicales, si insignifiante même pour celles qui ne le sont pas autant, qu'on ne peut s'empêcher de croire que c'est une des causes qui font écouter le plain-chant avec un certain dédain.

Et en effet, sans prétendre manquer aucunement au respect qui est dû aux choses saintes, ou du moins à celles qui sont consacrées par l'usage dans notre sainte mère l'Eglise, peut-on trouver bon de faire entendre ces 9 notes sur la syllabe *tur* du mot *saturabuntur*, ces 15 sur la dernière voyelle *i* de *seculi*, dans le verset du *Graduel*; et les 16 sur l'*o*, dernière voyelle de *mundo*, 17, sur le dernier *a* du deuxième *Alleluia*, et, enfin, les 19 sur le dernier mot *est* du deuxième verset de ce même graduel ? J'oserai avancer, en mon âme et conscience, que loin d'inspirer un sentiment religieux, comme elles le devraient, ces longues files de notes sont, au contraire, l'objet de la raillerie et du sarcasme.

_____

(1) C'est de cette fraction de la messe que le GRADUEL (livre) tire son nom.

(2) Depuis la Septuagésime jusqu'à Pâques, cette seconde partie du GRADUEL est remplacée par le TRACTUS ou TRAIT. Ce chant, étant composé de plusieurs strophes, est chanté alternativement par les deux côtés du chœur.

GRADUEL.

E-dent pau - pe-res, Et sa-tu-ra - bun - tur: - -

Et lau-da - - bunt Do - - - mi - num, vi - vent

cor-da e - o - rum in se-cu-lum se - cu - li. - - -

℣ Pa - nis e-nim De - i est, qui de cœ - lo descen - - - dit,

et dat vi - - tam - - mun - do. - - -

Al - le - - lu - - ia, al - le - - lu - ia.

— — — — ℣ Ca - lix be - ne - dic - ti - o - nis,

cu - i be - ne - di - ci - mus, non ne com-mu-ni - ca - ti - o

san-gui-nis Chris - ti est? Et pa - nis quem fran - - - gi-mus

non - ne par-ti - ci - pa - - - ti - o cor - po - ris

Do - mi - ni est? — — — —

21ᴱ LEÇON.

Les élèves remarqueront qu'il était complètement inutile d'écrire les dièses qu'il y a dans cette prose, ainsi que dans toute cette messe, d'après la liturgie de Bourges ; car eux, comme le public, chanteront aussi bien, je le pense du moins, non seulement toutes les sensibles où le dièse est marqué sur ladite liturgie, et que j'ai évité avec soin de reproduire ici, mais encore toutes les *accidentelles* qui ne l'ont pas été dans la liturgie déjà citée (¹).

Cette prose serait toutefois un des meilleurs morceaux de plain-chant, si l'excès de l'étendue de la voix qu'on remarquera, et qui a été déjà cité dans la deuxième leçon, n'existait pas. C'est un de ceux qui ont été le mieux conservés lorsqu'il a passé du rite romain au rite français ; et, enfin, c'est un des plus profitables exercices que les élèves puissent faire.

Sa longueur m'oblige à la compter pour deux leçons, quoique les élèves puissent la dire facilement en une.

---

(1) L'auteur de ce Cours de Plain-Chant a été organiste de la Cathédrale métropolitaine de Bourges pendant vingt ans. C'est là qu'il se perfectionna dans l'étude du plain-chant, et c'est encore là qu'il pût reconnaître avec bonheur les morceaux de toute beauté que le plain-chant possède. Mais c'est aussi à Bourges qu'il découvrit les grands défauts dont le plain-chant, en général, est encombré, et spécialement celui de la liturgie de ce diocèse.

Cette note expliquera aux lecteurs pourquoi cette liturgie est si souvent citée par l'auteur.

PROSE.

Lauda, Sion, Salva-torem, Lauda ducem et pas-to-rem In hymnis et can-ti-cis.

Quantum potes, tantùm au-de; Qui-a major om-ni lau-de; Nec lau-da-re suf-fi-cis.

Laudis the-ma speci-a - - lis; Pa-nis vivus et vi-ta-lis Ho-di-è pro-po-ni-tur.

Quem in sacræ mensa cœ - næ, turbæ fratrum du-o denæ, Datum non ambi-gi-tur.

Sit laus ple-na, sit so - no-ra; Sit ju-cunda, sit de-co-ra Mentis ju-bi-la-ti - o.

Di-es e-nim solemnis a-gitur, In qua mensæ prima re-co-litur Hujus insti-tu-ti-o.

In hac mensa no-vi Regis, Novum Pascha novæ le-gis, Phase ve-tus termi-nat.

Vetus-ta- tem no- vi-tas; Umbram fu-gat ve - ri-tas, Noctem lux e- li-mi-nat.

Quod in cœ-na Christus gessit, Fa-ci-endum hoc expressit In su-î memo-ri-am.

Doc-ti sa-cris in-sti-tu-tis, Pa-nem vinum in sa-lu-tis Consecramus hosti-am.

Dogma datur Chris-ti-anis, Quod in carnem transit panis, Et vinum in sanguinem

Quod non capis, quod non vides, A-ni-mosa firmat fides, Præter rerum or-dinem.

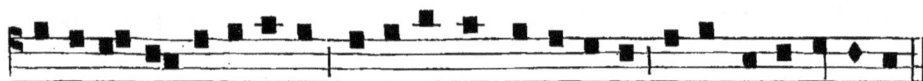

Sub di-ver-sis spe-ci-e-bus, Signis tantùm, et non rebus, Latent res e-xi-mi-æ.

Ca-ro ci-bus, sanguis potus, Manet tamen Christus totus Sub u-traque speci-e.

A su-mente non concisus, Non confractus, non divisus, In-te-ger ac-ci-pitur.

Su-mit unus, sumunt mille; Quantùm is-ti, tantùm ille; Nec sumptus consumitur.

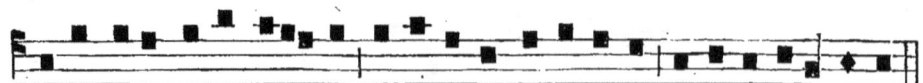

Sumunt boni, sumunt ma-li, Sorte tamen i-næqua-li, Vi-tæ vel in-te-ri-tûs.

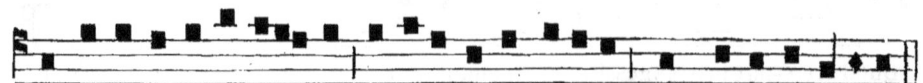

Mors est malis, vi-ta bo-nis. Vi-de paris sumpti-onis, Quàm sit dispar e-xi-tus.

Fracto demum Sacramento, Ne vacilles, sed memento Tantùm es-se sub fragmento,

Quantùm to-to te-gi-tur. Nulla re-i fit scissu-ra; Si-gni tantùm fit frac-tu-ra,

Quâ nec status, nec sta-tu-ra Sig-na-ti mi-nu-i-tur. Ec-ce Panis An-ge-lorum

Factus ci-bus vi-a-to-rum: Ve-rè Pa-nis fi-li-o-rum, Non mittendus ca-ni-bus.

In fi-gu-ris præsi-gnatur, Cùm I-sa-ac im-mo-la-tur, Agnus Paschæ de-puta-tur,

Datur manna Patribus. Bo-ne Pás-tor, pa-nís ve - re, Je-su, nos-trî

mi - se - re-re; Tu nos pas-ce, nos tu-e-re, Tu nos bo-na

fac vi-de-re In ter-ra vi-ven-ti-um. Tu qui cuncta scis et va-les,

Qui nos pascis hîc mor-ta-les, Tu-os i-bi commensa-les, Co-hære-des et so-da-les

Fac sanc-to-rum ci-vi-um. A-men.

22ᵉ LEÇON.

Après l'Evangile, l'officiant entonne le *Credo in unum Deum*, et les deux côtés du chœur le chantent dans le même ordre qu'on a chanté les autres morceaux de la messe, comme les *Kyries*, le *Gloria*, etc.

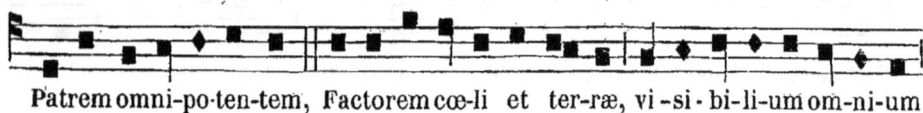

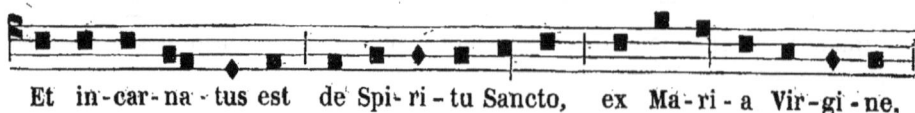

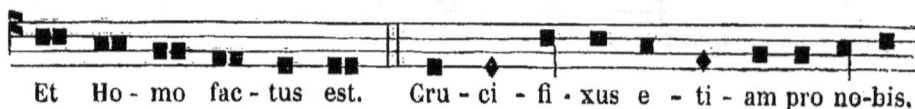

Patrem omni-po-ten-tem, Factorem cœ-li et ter-ræ, vi-si-bi-li-um om-ni-um

et in-vi-si-bi-li-um. Et in unum Dominum, Jesum Christum, Fi-li-um De-i

u-ni-ge-ni-tum. Et ex Patrem na-tum an-te om-ni-a se-cu-la.

De-um de De-o, lu-men de lu-mi-ne, Deum verum de De-o ve-ro.

Ge-nitum non factum, consubstanti-a-lem Pa-tri, per quem omni-a fac-ta sunt.

Qui propter nos homines, et propter nostram sa-lu-tem descendit de cœ - lis.

Et in-car-na-tus est de Spi-ri-tu Sancto, ex Ma-ri-a Vir-gi-ne.

Et Ho-mo fac-tus est. Cru-ci-fi-xus e-ti-am pro no-bis.

sub Pon-ti - o Pi - la - to; pas-sus, et se-pul-tus est. Et re-sur--re-xit

ter - ti - a di - e, se-cun-dum Scriptu - ras. Et as-cen-dit in cœ-lum.

se-det ad dex-te-ram Pa - tris. Et i - te-rum ven-turus est cum glo-ri - a

ju-di- ca-re vi-vos et mor-tu-os; cu-jus re-gni non e - rit fi - nis.

Et in Spi-ri-tum sanctum Dominum, Et vi - vi - fi - can - tem; qui ex Pa - tre

Fi - li - o - que pro-ce-dit; Qui cum Pa-tre et Fi -li - o simul a - do-ra-tur

et conglo-ri-fi-ca-tur; qui lo -cu-tus est per Pro-phe-tas. Et Unam, Sanctam,

Catho-licam, Et A-pos-to-licam. Ec-cle- si-am. Con-fi - te-or unum baptis-ma,

in re-mis-si-o-nem pecca-torum: Et expecto re-sur-re-xi-onem mortu-o- rum;

Et vi-tam ven-tu - ri se-cu - li. A — — — men.

23ᴱ LEÇON.

Après le *Credo*, et la réponse faite par le chœur à l'officiant, le chœur en entier, s'il n'y a pas d'orgue, chantera l'*offertoire*, entonné par le grand chantre, mais beaucoup plus posément que tout le reste de la messe, parce qu'il faut que l'*offertoire* dure, si faire se peut, tout le temps que le prêtre emploira pour faire les cérémonies de son ministère, avant de chanter la préface.

A la fin de celle-ci, le chœur chantera le *Sanctus* entonné par l'orgue ou par le grand chantre, et tout le reste sera dit dans le même ordre que pour les *Kyries* ou le *Gloria*, etc.; s'il n'y a pas d'orgue, on suit le même ordre prescrit, et l'on chante le *Benedictus;* après quoi, et au moment de l'élévation, le grand chantre entonne l'*O salutaris*, que le chœur en entier chante, secondé, souvent, par tous les fidèles. Mais, lorsqu'il y a un orgue, on le joue pendant tout le temps du *Benedictus* et de l'*O salutaris*.

Il y a aussi un *O salutaris* pour les *solennels*, et un autre pour les *doubles*.

OFFERTOIRE.

Sa -pi-en - ti-a æ - di-fi-ca — vit si - bi Do - mum

im-mo-la — vit vic-ti-mas su — — as, mis — cu-it vi — —

num — — — et pro-po — — su-it men-sam su - am;

Al- le — — lu - ia. — —

SANCTUS.

Sanc - tus, Sanc — — tus, Sanc - - tus, Do-minus De-us sa-ba-oth.

Ple-ni sunt cœ-li et ter-ra glo-ri-a tu - a; ho-san-na in ex-cel-sis.

Be-ne-dic-tus qui ve- nit in no-mi-ne Do-mi-ni; ho-san-na in ex-cel- sis.

O sa -lu-taris Hos — — ti-a! O sa - lu - ta-ris Hos-ti-a! Quæ cœ-li

pan-dis hos -ti-um; Bella premunt, hosti-li-a. Da ro-bur, fer au-xi-li-um.

Da robur, fer au-xi - li-um, Da ro-bur, fer au-xi - li-um.

24ᴱ LEÇON.

Les répliques étant faites à l'officiant, ainsi que l'*Et cum spiritu tuo* du *Pax Domini sit semper vobiscum*, on chantera l'*Agnus Dei*, toujours dans le même ordre, c'est-à-dire que le grand chantre l'entonne et qu'il est achevé par tout le chœur. Il en est de même pour les deux autres *Agnus Dei*; mais s'il y a un orgue, c'est celui-ci qui dit le premier *Agnus* en entier, le chœur dit le deuxième, et ensuite l'orgue joue jusqu'à la communion.

Le *Post-Communion* est entonné par le grand chantre et chanté par tout le chœur; et, aussitôt fini, s'il n'y a pas d'orgue, le grand chantre entonne le *Domine salvum*, auquel répond tout le chœur. Après les réponses faites à l'officiant, et celui-ci ou le diacre ayant chanté l'*Ite missa est*, le chœur en entier répond sur le même ton le *Deo gratias*.

---

il me semble que l'*Agnus Dei* serait mieux chanté dans l'esprit des paroles, si le grand chantre chantait seul les paroles d'*Agnus Dei qui tollis peccata mundi*, et que la totalité du chœur répondît seulement par le *miserere nobis* et le *donna nobis pacem*. Je me permets cette observation parce que dans le diocèse de Bourges on le dit différemment.

AGNUS DEI.

Ag - nus De - i, qui tol-lis pec-ca-ta mundi, mi-se-re-re no-bis.

Ag-nus De-i, qui tol-lis pec-ca-ta mun-di, mi-se-re-re no-bis.

Ag-nus De-i, qui tol-lis pec-ca-ta mundi, do-na no-bis pa-cem.

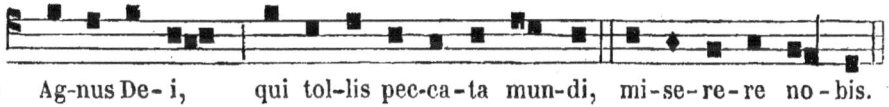

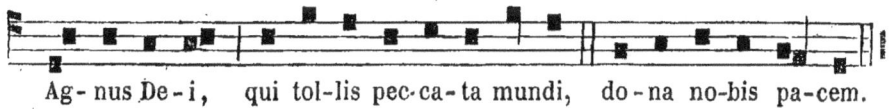

POST-COMMUNION.

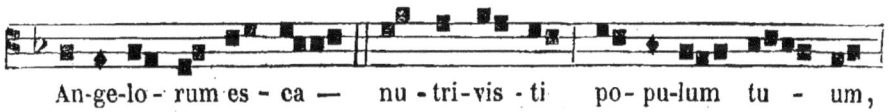

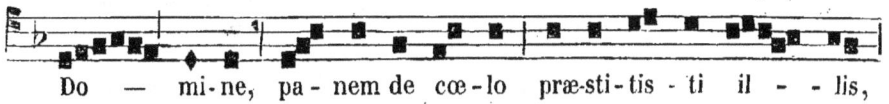

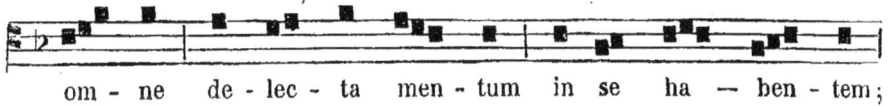

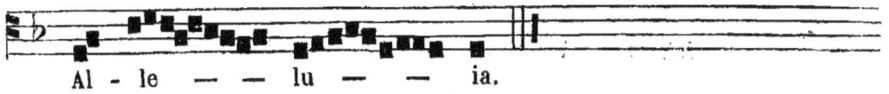

An-ge-lo-rum es-ca — nu-tri-vis-ti po-pu-lum tu-um,

Do — mi-ne, pa-nem de cœ-lo præ-sti-tis-ti il--lis,

om-ne de-lec-ta men-tum in se ha—ben-tem;

Al-le——lu——ia.

Do-mi-ne, sal-vum fac re-gem, Lu-do-vi-cum Phi-lippum; et ex-au-di nos

in di-e qua in-vo-ca-ve-ri-mus te.

De—o gra————ti-as.

25ᴱ LEÇON.

Toutes les grand'messes sont chantées dans le même ordre que celle qui précède ; seulement, il existe entre elles une différence de classe suivant les différentes solennités. Or, comme il y a six nuances de solennité, du plus au moins, il y a six messes écrites chacune sur un ton différent.

Ces messes diffèrent, presque toutes, dans chaque diocèse.

Il n'y a de prose ni d'antienne avant l'évangile, ordinairement, que dans les rites annuels et solennels majeurs ; les différents rites sont : *annuel*, *solennel majeur*, *solennel mineur*, *double majeur*, *semi-double* et *double-mineur*. Ces rites vont être expliqués dans la 30ᵉ leçon.

Nous recommandons à messieurs les maîtres de plain-chant de faire chanter aux élèves, à chacune des leçons suivantes, une messe du rite, afin de les exercer sur le chant du plain-chant et sur l'ordre des rites. On les trouvera placées par ordre de rite dans le graduel.

On doit chanter dans cette leçon la messe solennel majeur.

Il ne faut pas oublier : 1º de désigner d'abord les élèves qui doivent remplir les fonctions de grand chantre, et ceux qui doivent remplir celles d'enfants-de-chœur pour dire les versets ; 2º de désigner aussi les deux côtés du chœur ; et 3º, enfin, de leur rappeler la bonne prononciation, et l'émission franche de la voix sans faire d'efforts ni de contorsions.

26ᴱ LEÇON.
LA MESSE DU SOLENNEL MINEUR.

27ᴱ LEÇON.
LA MESSE DOUBLE MAJEUR.

28ᴱ LEÇON.
LA MESSE SEMI-DOUBLE.

29ᴱ LEÇON.
LA MESSE DOUBLE MINEUR.

30ᴱ LEÇON.

Le rite *annuel* n'a lieu que les jours des plus grandes fêtes de l'année ; le *solennel majeur*, les jours de grandes fêtes, et le *solennel mineur* les jours des moins grandes fêtes de l'année.

Le *double majeur*, les dimanches ordinaires ; le *semi-double*, les jours des fêtes ordinaires ; et le *double mineur*, les jours les moins solennels, désignés sous le nom de *férie* (¹).

Il y a aussi deux ou trois classes de messes des morts, et un office spécial qu'il faut consulter, parce qu'il varie dans presque chaque diocèse (²).

Il faut consulter aussi le *Graduel* du diocèse pour les litanies des saints et de la Sainte-Vierge, ainsi que pour d'autres prières et fêtes extraordinaires de l'année.

Ici finit l'instruction relative au *Graduel.*

On aura remarqué, peut être, que, jusqu'ici, les tons des morceaux de plain-chant ne sont pas marqués comme ils le sont ordinairement dans les grands livres qu'on appelle *Graduels.* Cette omission à eu lieu dans le dessein d'exercer les élèves à connaitre dans quels tons sont les morceaux d'après les règles qui leur seront enseignées plus tard, et dans le but de les leur faire connaitre à la seule audition ; car autrement ils diraient bien qu'un morceau est à un tel ton, parce qu'ils le voient ainsi marqué, mais ils en ignoreraient la raison.

(1) Les jours de la semaine sont désignés par l'ORDO ecclésiastique: le lundi, par 2ᵉ FÉRIE ; le mardi, par 3ᵉ FÉRIE ; le mercredi, par 4ᵉ FÉRIE ; le jeudi, 5ᵉ FÉRIE ; le vendredi, 6ᵉ FÉRIE ; le samedi, par SABBATO, et le dimanche par DOMINIQUE.

(2) Cependant la messe des morts du rite romain: REQUIEM ETERNAM, etc., et sa prose: DIES IRE, DIES ILLA, est chantée dans tous les diocèses.

34ᴱ LEÇON.

ANTIPHONAIRE.

La tonique ou finale des premier et deuxième tons du plain-chant est *ré*; celle des troisième et quatrième est *mi*; *fa* est la tonique des cinquième et sixième, et *sol* est celle des septième et huitième. Il en résulte qu'il n'y a que les quatre toniques *ré, mi, fa* et *sol* pour les huit tons, comme il est déjà dit à la 11ᵉ leçon.

Ces huit tons se divisent aussi en quatre *supérieurs* et quatre *inférieurs*.

Sont supérieurs les quatre impairs: premier, troisième, cinquième et septième; et inférieurs les quatre pairs: deuxième, quatrième, sixième et huitième.

On appelle *supérieur* le chant, mélodie, ou antienne qui monte plus de degrés au-dessus de la dominante ou cinquième degré de sa gamme qu'elle n'en descend au-dessous de la tonique; et *inférieur*, celui qui descend plus de degrés dessous la tonique qu'il n'en monte au-dessus de la dominante ou cinquième degré de sa gamme.

J'aurais pu sans doute indiquer ici, comme l'ont fait bien d'autres écrivains, les chants grecs connus dans les anciennes méthodes sous les noms d'*hypo-dorien, hypomix-olidien*, etc., ou ceux moins anciens de *tons authentiques* et *tons plagaux*, etc., pour prouver que jadis le plain-chant avait quatorze tons ou modes.

J'aurais pu descendre aussi dans son histoire et citer plusieurs autres détails fort curieux sans doute pour quelques connaisseurs, mais sans aucune utilité dans le plan que je me suis proposé.

J'ai pour but de simplifier cet enseignement autant qu'il me sera possible dans sa marche progressive, et de le rendre facile et accessible à la jeunesse. J'ai également pour but d'établir de règles précises, claires, simples et surtout de les établir de manière à ce qu'elles forment du plain-chant un art, et le rendent digne de son objet.

Je laisse donc à ceux des savants, qui voudront bien l'accepter, le soin de tout autre travail ou de recherches sur cette intéressante fraction de la musique. Pour moi, je me renfermerai dans mes travaux modestes, qui se bornent à faire comprendre la théorie du plain-chant, et à le faire chanter d'une manière rationnelle, sans toucher en aucune manière au fond ni à la forme du plain-chant existant, mais seulement à ses accessoires.

ANTIENNE DE *MAGNIFICAT*

DU SAMEDI AVANT LE 12ᵉ DIMANCHE APRÈS LA PENTECÔTE.

O - ran-te es - drâ et flen - te, et ja-cen-te ante templum De - i, col-lectus est

ad e - um de Is - ra-ël cœ-tus grandis; et fle - vit po-pu-lus fle-tu multo.

ANTIENNE DE *BENEDICTUS*

DU 12ᵉ DIMANCHE APRÈS LA PENTECÔTE.

Fi-li-o-li me - i, non di-li-ga - mus ver-bo, ne-que lin - guâ

sed o - pe - re et ve - ri-ta - te.

POST-COMMUNION DU MÊME DIMANCHE.

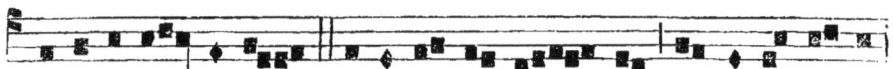

In hoc cog-no - vi-mus cha-ri-ta - tem De - i, quo-ni-am il - le,

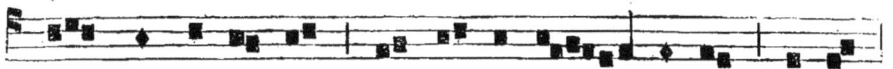

a - ni-mam su - am pro no - bis po - - su-it, et nos

de-be - mus pro fra - tri - bus a - ni-mas po - ne - re.

ANTIENNE DE *MAGNIFICAT* DU MÊME JOUR.

Quis ho-rum tri - um vi-de-tur ti-bi proximus fu-is se il - li, qui in-ci-dit

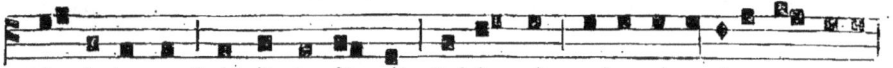

in la-tro-nes? At il - le di - xit: Qui fe - cit mi-se-ri-cordi-am in illum.

Et a -it il - li Je-sus: Va-de, et tu fac si - mi-li-ter.

32ᵉ LEÇON.

Les huit tons expliqués dans la leçon précédente, quatre mineurs et quatre majeurs, quatre supérieurs et quatre inférieurs, peuvent être *réguliers* ou *irréguliers*.

Les réguliers sont ceux dont la mélodie, ou l'antienne, atteint les *bornes*, qui les qualifie, et ne les dépasse pas ; et irréguliers ceux dont l'antienne dépasse ces bornes, ou ne les atteint pas.

Les bornes qui qualifient la tonalité des tons du plain-chant sont : l'*octave* de la tonique, pour les tons supérieurs, et l'*octave grave* de la dominante, pour les inférieurs.

Ces règles des tons réguliers et irréguliers, généralement adoptées, sont précises, et cependant, nous l'avouerons avec peine, elles sont souvent détruites par les exemples existants. Est-ce erreur de l'auteur de ces exemples, ou méprise de ceux qui nous les ont transmis ? Il est difficile, ici, de pouvoir se prononcer en conscience. Mais voyez les première et cinquième antiennes des premières vêpres du *Commun des Abbés*, liturgie de Bourges (1).

La première finit au *ré*, ne monte qu'au *la*, descend deux fois à la sensible du *ré*, et une à la dominante grave du sixième ton.

D'après toutes les règles admises, elle devrait être du deuxième ton, irrégulier. Mais point du tout, elle est marquée premier ton, et régulier. La cinquième antienne finit aussi au *ré* ; elle monte un degré au-dessus de la dominante *la*, comme elle en descend un au-dessous de la tonique. Il est aussi marqué premier ton, mais irrégulier. Et l'on se demande pourquoi ici ce premier ton est déclaré irrégulier, très justement d'après nos faibles connaissances, et dans la première antienne, où les irrégularités sont plus fortes et plus nombreuses, puisqu'elles peuvent le faire déclarer deuxième ton, et pourtant on le marque régulier, parfait.

Ce sont ces contradictions flagrantes, et plusieurs autres qu'on fera remarquer au fur et à mesure, qui font désirer une réforme complète du plain-chant, afin de le faire sortir de son chaos, ou, pour le moins, de l'ignorante routine.

Voyez aussi les exemples, faites les chanter, et exercer les élèves par les questions suivantes, savoir : dans quels tons ils sont écrits ; s'ils sont du mode mineur ou du mode majeur ; et pourquoi ; s'ils sont supérieurs ou inférieurs ; et enfin s'ils sont réguliers ou irréguliers, et pourquoi.

---

(1) Les deux premières antiennes de ces exemples.

1re ET 5e ANTIENNES DES 1res VÊPRES DU *COMMUN DES ABBÉS*.

Do-mi-nus po-net de - ser-tum Si - on qua-si de - li - ci - as,

et so-li-tu-di-nem e - jus qua - si hor-tum Do-mi-ni.

E - rit o-pus jus-ti - ti - æ pax, et cultus jus-ti - ti - æ si-len-ti-um,

et se - cu - ri - tas us-que in sem-pi-ter-num.

RÉPONS DES MÊMES VÊPRES.

Sur - gi-te, et i — te, * Qui-a † Non ha-be - tis hic

re — — qui-em. ℣. Ve-ni-te de or-sum - - - in de-ser-tum

lo - cum, et requi-es - ci-te pu - sil-lum. * Qui-a. Glori-a. † Non.

ANTIENNE DE *MAGNIFICAT* DES MÊMES VÊPRES.

E-gre-de-re de cog-na - ti-o-ne tu - a, Et de do-mo pa-tris tu - i,

Et ve-ni in ter--ram quam mons-tra-bo ti - bi, fa - ci-am que te

in-gen-tem mag - nam, et be-ne-di-cam ti-bi.

33ᴱ LEÇON.

Les aspersions d'eau bénite et les *introïts* du *Graduel*, ainsi que les antiennes de l'*Antiphonaire* sont toujours suivis, les premiers d'un ℣., et d'un *Gloria Patri*, etc., et les autres d'un *Psaume* qui a pour finale aussi le *Gloria Patri*; excepté dans le temps de la Passion et pour les offices des morts.

Les psaumes, comme les ℣., sont chantés dans le même ton que les antiennes et que les *introïts*, et ils ont une *intonation*, une *médiation* et une *terminaison* qui leur sont propres. On ne peut séparer, par cette raison, l'étude de la psalmodie de celle de l'*Antiphonaire* (¹).

34ᴱ LEÇON.

On entend par *intonation* le chant de la première phrase d'un *introït* ou de tout autre morceau du *Graduel*, d'une antienne ou de tout autre morceau de l'*Antiphonaire*, ainsi que la première phrase, ou même le seul premier mot du premier verset d'un psaume.

L'intonation est chantée par le grand chantre, ou par un des deux chantres coryphées, lesquels, dans ce cas, exercent les fonctions de grand chantre alternativement. L'intonation est toujours la même pour chaque ton, en psalmodie, à quelques exceptions près.

La *médiation* se compose de tout ce qu'on chante dans le premier verset et les suivants, depuis l'intonation jusqu'à la terminaison; et

La *terminaison* est la finale particulière de chaque ton, qu'on fait entendre à la fin de chaque verset du psaume. L'intonation n'a lieu que pour le premier verset des psaumes. C'est sur la note de la médiation qu'on chante tous les autres versets; excepté pour le dernier ou pour les derniers mots de chacun, sur lesquels on doit faire la terminaison. Cependant, dans plusieurs églises, on a introduit l'usage de faire l'intonation à chaque verset de certains psaumes les jours annuels.

Dans les tons réguliers, la terminaison, qui est spéciale, finit forcément à la tonique (²).

---

(1) Après avoir fait réciter cette 33ᵉ leçon et l'avoir bien expliquée aux élèves, il faut leur faire chanter plusieurs morceaux des leçons précédentes, au choix, et les exercer à la connaissance des tons.

(2) Lorsqu'on aura bien récité et compris la 34ᵉ leçon, il faudra que les élèves s'exercent à chanter et même à bien apprendre par cœur les intonations, médiations et terminaisons des huit tons réguliers, et les trois irrégulières des 1ᵉʳ, 3ᵉ et 6ᵉ tons.

INTONATIONS, MÉDIATIONS ET TERMINAISONS RÉGULIÈRES

DES HUIT TONS DE LA PSALMODIE.

1er TON.

Intonations.   Médiations.   Terminaisons.

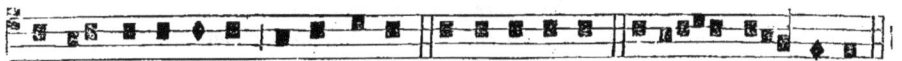

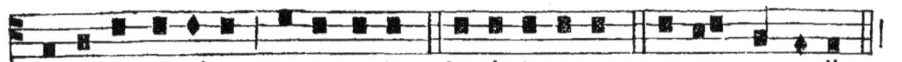

Lauda - te Do-minum, omnes gentes : Lauda-te e-um omnes po-pu-li.

Irré-gulier. In e-xi-tu Is-ra-ël de E-gyp-to, do-mus Ja-cob de popu-lo barba-ro.

2e TON.

Lauda-te Do-mi-num, omnes gentes : Lauda-te e-um omnes po-pu-li.

3e TON

Lau-da-te Do-minum, om-nes gentes, Lauda-te e-um omnes po-pu-li.

Irré-gulier. Lauda-te Do-minum, omnes gen-tes : Lauda-te e-um om-nes po-pu-li.

4e TON.

Lauda - te Dominum, omnes gentes : Laudate e-um omnes po-pu-li.

5e TON.

Lau-da-te Do-minum, omnes gentes : Lau-da-te e-um om-nes po-pu-li.

6e TON.

Lauda-te Domi-num, omnes gentes : Lauda-te e-um om-nes po-pu-li.

Lau-da-te Do-minum, om-nes gen-tes, Lauda-te e-um om-nes po-pu-li.

7e TON.

Lauda-te Dominum, omnes gentes : Lauda-te e-um omnes po-pu-li.

8e TON.

Lauda-te Dominum, omnes gentes : Lauda-te e-um om-nes po-pu-li.

35ᴱ LEÇON.

Comme chaque mélodie ou antienne des huit tons peut être régulière ou irrégulière, et que les irrégularités peuvent être plusieurs et différentes dans chaque morceau, il y a aussi, pour chaque ton de la psalmodie, différentes terminaisons irrégulières; l'une ne peut aller sans l'autre.

Les terminaisons irrégulières de chaque ton sont plus ou moins nombreuses et variées dans chaque diosèse.

Il est au-dessus de mes forces d'indiquer d'une manière précise la terminaison irrégulière de chaque psaume, et de l'appliquer à l'irrégularité de chaque chant des antiennes. Cette tâche appartient de droit à nos successeurs, car c'est de la réflexion et de l'expérience que naissent les progrès.

On doit donc, en attendant, chanter et apprendre par chœur toutes les terminaisons irrégulières qui sont marquées dans les exemples, et en faire l'application à volonté, ou plutôt d'après les terminaisons marquées à la fin de chaque antienne de l'*Antiphonaire* ou du *Graduel*. C'est ainsi que la chose se pratique.

TERMINAISONS IRRÉGULIÈRES DES HUIT TONS.

DU 1er TON.

Om-nes po - pu-li.   Om-nes po - pu-li.   Om-nes po - pu-li.

Omnes po-pu-li.   Om-nes po-pu-li.   Om - nes po - pu - li.

DU 2e TON.

Om-nes po-pu-li.   Omnes po - pu-li.

DU 3e TON.

Om-nes po - pù - li.   Om-nes po - pu-li.   Omnes po-pu-li.

Omnes po-pu - li.   Om-nes po-pu-li.

DU 4e TON.

Om-nes po - pu-li.   Om-nes po-pu-li.   Om-nes po-pu-li

Om-nes po - pu-li.   Om-nes po-pu-li.   Om - nes po-pu-li.

DU 5e TON.   DU 6e TON.

Omnes popu-li. Omnes po-pu-li.   Omnes popu-li. Omnes po - pu-li.

DU 7e TON.

Omnes po - pu - li.   Om-nes po-pu-li.   Om - nes po - pu-li.

Om-nes po-pu-li.   Om-nes po-pu-li.   Om - nes po - pu - li.

DU 8e TON.

Omnes po - pu-li. Omnes po-pu-li.   Om-nes po-pu-li. Omnes po-pu-li.

36ᵉ LEÇON.

On chante sur la médiation, avons-nous dit, tout ce qui est depuis l'intonation jusqu'à la terminaison du premier verset de chaque psaume, et tous les autres versets sont chantés en entier sur la médiation, excepté qu'à la fin de chacun il faut faire entendre la terminaison. Il n'y a donc d'intonation que pour le premier verset.

Nous adoptons le mot *médiation* de préférence à celui de dominante, 1° parce qu'il exprime mieux l'effet de la chose; 2° pour ne pas confondre par un seul mot deux choses bien distinctes, la dominante, cinquième degré de tout ton ou gamme de n'importe quelle musique, et la médiation, son intermédiaire entre l'intonation et la terminaison, quoiqu'il soit entendu plus long-temps que les autres sons et même que tous les autres ensemble; et 3°, enfin, pour nous débarrasser de la confusion que portait la supposition même de l'existence des dominantes à la tierce, à la quarte, à la quinte et à la sixte, contradictoire avec tout ce qui est musique [1].

Il y a au milieu de chaque verset ou strophe des psaumes, plus ou moins en avant, là où le sens des paroles a exigé une virgule ou un point-et-virgule, etc., un *astérisque* ou étoile. C'est en cet endroit que le chant de la médiation a une toute petite variante pour mieux indiquer qu'il faut en faire bien sentir le sens, et respirer en repos; ou, s'il n'a pas de variante, pour respirer en repos seulement, et pouvoir, après, mieux continuer et faire entendre, d'une manière plus marquée, la terminaison.

---

[1] Je ne cesserai de le répéter, ce sont ces contradictions flagrantes qui confondaient l'intelligence des élèves; et, comme ils ne pouvaient en comprendre la théorie, de là l'embarras et les difficultés invincibles pour bien chanter le plain chant.

[2] L'antienne de ce psaume est régulière, et pourtant la terminaison, comme vous le voyez, est marquée irrégulière.

[3] Dans ce psaume, on remarquera, inversement, que l'antienne est irrégulière et la terminaison du psaume régulière.

[4] L'antienne de ce psaume est irrégulière, et par conséquent rien à dire sur cette intonation ni sur cette terminaison que l'usage a consacrées en France; mais on pourrait le chanter également sur toute autre terminaison.

TROIS VERSETS ET LE *GLORIA PATRI*

DE CHACUN DES PSAUMES DES VÊPRES DES DIMANCHES ORDINAIRES DE L'ANNÉE.

1er PSAUME.

Di - xit Do-mi-nus   Do-mi-no me-o: * Se-de à dextris me-is;

Do-nec po-nam i - ni-mi-cos tu-os * sca-bel-lum pedum tu-o - rum.
Virgam virtutis tuæ emittet Dominus ex Sion : * dominare in medio inimicorum tuorum, etc.
Gloria Patri et   Fi-lio, * et Spi - -ri-tu-i Sanc-to.

2e PSAUME. (2)

Confi-tebor ti-bi, Domine, in to-to corde meo, * in conci-li-o justorum
                                                        et congrega-ti-o-ne

Mag-na   o-pe-ra Do-mi-ni, * ex-qui-si-ta in omnes volun-tates e-jus.
Confessio et magnificentia opus ejus: * et justitia ejus manet in seculum seculi, etc.
Gloria Patri et   Fi - li - o * - - - - et Spiritui Sancto.

3e PSAUME (3)

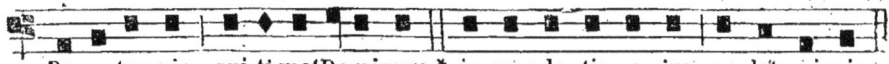

Be-a-tus vir qui ti-met Dominum,* in manda-tis e-jus vo-let ni-mis.

Potens in ter-ra e-rit semen e-jus:*ge-ne-ra-ti-o recto-rum benedi-cetur.
Gloria et divitiæ in domo   e-jus,* et justitia ejus manet in seculum seculi, etc.
Gloria Patri et   Fi-lio,* et - - Spiritui Sancto.

4e PSAUME.

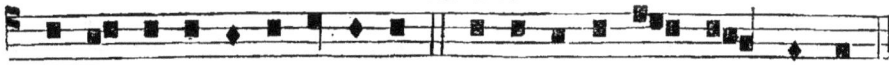

Lau-da - te, pu-e-ri, Do-mi-num;* lau-da-te no-men Do - mi-ni.

Sit nomen Domi-ni be-ne-dictum, * ex hoc nunc, et us-que in   se - culum.
A solis ortu usque ad occa-sum, * lauda - - bi-le no-men   Do-mi-ni, etc.
Gloria Patri et   Filio, * et Spi - - ri-tu-i   Sanc - to.

5e PSAUME. (5)

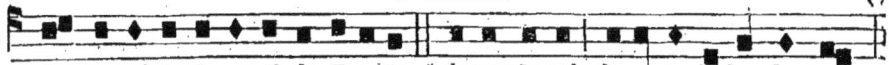

In   e-xi-tu Is-ra-ël de Egypto, * domus Ja-cob de po-pu-lo bar-ba-ro.

Facta est Ju-dæ-a sanc-ti-fi-ca-ti-o e-jus. * Is - ra-ël   po-tes-tas e-jus.
Mare   vidit et fugit : * Jordanis conversus est retrorsum, etc.
Gloria   Patri et Filio, * et Spi-ri - - tu-i Sancto.

37ᴱ LEÇON.

Les médiations de la psalmodie sont : *ré* pour le septième ton ; *fa* pour le deuxième ; *la* pour les premier, quatrième et sixième, et *do* pour les troisième, cinquième et huitième tons.

Si l'on prétendait chanter la psalmodie dans ces tons, qui sont pourtant marqués ainsi dans le plain-chant, les troisième, cinquième, septième et huitième seraient trop hauts ou trop bas. On ne pourrait les chanter. Voilà pourquoi chaque église les dit à une médiation différente ; et de là aussi la grande difficulté pour les organistes, et la confusion et le désordre pour tous.

Nous reportons toutes les médiations à un centre commun. Le *la*, par exemple, est la médiation universelle ; comme le *la*, diapason, est la tonique universelle de la musique.

Ce *la* donc sera la médiation réelle des premier, quatrième et sixième tons ; pour le deuxième, il faut supposer dire *fa* au son de ce même *la* ; pour le septième, il faut supposer y dire *ré* ; pour le cinquième, il faut y dire *sol*, et pour les troisième et huitième y dire *do*.

On verra, aux exemples, les tons qui en résultent pour les organistes.

Si on le juge plus utile et moins fatiguant, on transpose, à un ton plus bas, *sol*, la médiation ; et même, en cas de besoin, à deux tons plus bas, *fa*, si on le croit nécessaire.

On observera que les accords qui caractérisent les tons de l'orgue, pour le plain-chant, et qui sont marqués aux exemples de cette leçon, finissent à leur tonique. Mais cette tonique des tons de l'orgue n'est pas, dans tous les tons, la tonique des tons du plain-chant ; car, dans les troisième, quatrième et huitième tons du plain-chant, leur tonique est la dominante des tons de l'orgue, ou de la musique.

Cette contradiction, pourtant, n'est qu'apparente.

L'orgue est un instrument harmonique. On ne peut le jouer sans faire entendre des combinaisons d'harmonie. Et puisqu'on le joue alternativement avec le chœur, que celui-ci chante les psaumes à l'unisson ou à plusieurs parties, il en résultera toujours un chant harmonique qui sera plus ou moins répété. Ce sont donc les règles d'harmonie qui domineront, et qui conduiront même cet assemblage de parties hétérogènes. Or, les règles de l'unité harmonique constatent d'une manière précise et irréfragable que, là où le balancement des accords qui la composent manque, la monotie s'établit. Donc, ce serait plutôt les finales ou terminaisons des premier, deuxième, cinquième, sixième et septième tons qui devraient être modifiées, harmonisées, soit dans les tons du plain-chant, soit dans ceux de l'orgue, afin que la finale du chœur fût (comme aux troisième, quatrième et huitième) dans un autre accord que celui par lequel doit commencer l'orgue, ou à l'inverse.

Quoique ces observations me paraissent irréfutables, ou tout au moins dignes d'arrêter l'attention des artistes consciencieux, et qui sont sans préjugés comme sans prévention, cependant, je les leur soumets, moins dans l'espoir qu'elles soient goûtées et adoptées par la majorité, que pour les leur faire connaître et sentir ; car ce sont les seuls capables de les bien comprendre, de les faire germer, fructifier, et de les généraliser ; et, par là, de mettre les progrès de l'art musical sacré en rapport avec ceux de la musique profane.

MÉDIATION DE TOUS LES TONS, TRANSPOSITIONS CORRESPONDANTES ET TONS DE L'ORGUE AU DIAPASON UNIVERSEL.

1er TON. MÉDIATION. TONS DE L'ORGUE.
Laudate, pueri, Dominum; * laudate nomen Domini.

2e TON. MÉDIATION.
Laudate, pueri, Dominum; * lauda-te nomen Domini.

3e TON. MÉDIATION.
Lauda-te, pue-ri, Dominum; * laudate nomen Domini.

4e TON. MÉDIATION.
Laudate, pueri, Dominum; * laudate nomen Do-mini.

5e TON. MÉDIATION.
Laudate, pueri, Dominum; * laudate nomen Domini.

6e TON. MÉDIATION.
Laudate, pueri, Dominum; * laudate nomen Domini.

7e TON. MÉDIATION.
Laudate, pueri, Dominum; * laudate nomen Domini.

8e TON. MÉDIATION.
Laudate, pueri, Do-minum; * laudate nomen Domini.

38ᵉ LEÇON.

VÊPRES.

Toute fête religieuse d'un rite supérieur commence la veille ; et de là provient qu'il y a premières et secondes vêpres. Celles qu'on dit le jour de la fête sont les secondes ; et de là aussi l'absence de secondes vêpres pour les fêtes de rite inférieur de la veille, et de premières pour celles du lendemain.

C'est le prêtre officiant qui entonne le *Deus in adjutorium meum intende*, auquel la totalité du chœur répond : *Domine ad adjuvandum me festina*, etc. On dit ce chant aussi bien dans les secondes que dans les premières vêpres ; et à la suite, après l'*Amen*, on y ajoute l'*Alleluia* ; excepté depuis la Septuagésime jusques à Pâques. Alors l'*Alleluia* est remplacé par *Laus tibi Domine, Rex æternæ gloriæ*, sur les mêmes médiation et terminaison.

Ceci fini, un des prêtres ou des chantres assistants, désigné à cet effet, indique la première antienne, et de suite le grand chantre, ou l'un des deux chantres coryphées, entonne à son tour le premier psaume dans le ton marqué ([1]). Le côté du chœur marqué suit le même verset sur la médiation et le finit, faisant la terminaison régulière ou irrégulière du ton, et ensuite l'autre côté commence le deuxième verset à la médiation et le finit aussi à la terminaison. Et ainsi de même et alternativement jusqu'à la fin du psaume et du *Gloria Patri* jusques et y compris l'*Amen*.

Lorsque le psaume est terminé, le chœur en entier chante la première antienne, après qu'elle a été entonnée de nouveau par le grand chantre. Et pendant ce temps, celui-ci envoie alternativement un des deux chantres coryphées avertir celui des prêtres ou des chantres assistants qui devra indiquer l'antienne suivante. Il en est de même pour chaque antienne comme pour chaque psaume.

Je mets ici, et dans les leçons suivantes, les secondes vêpres de la Fête-Dieu en entier, afin que les élèves pratiquent les préceptes du chant, de la psalmodie et même du cérémonial. Celui-ci peut être différent dans son accessoire en chaque diocèse ; mais le fond est partout le même. Le chantre qui saura chanter les vêpres du diocèse de Paris, ne pourra manquer, dans tout autre diocèse, que dans l'accessoire du rite.

([1]) Dans quelques églises, le grand chantre chante seul tout le premier verset, afin de mieux faire entendre la terminaison du ton du psaume. J'approuve fort cet usage, parce qu'il établit l'ordre le plus parfait.

2ᵉ VÊPRES DU TRÈS SAINT SACREMENT.

ANTIENNE.

An-ge-lo-rum es - câ nutris-vis -ti po - pu-lum tu-um, Do -mi-ne.

panem de cœ-lo præsti-tis-ti il- lis om- ne de lec - tamentum in se habentem.

1ᵉʳ PSAUME.

Dixit Dominus Domino meo :* Se - de à — — — dextris me- is :

Donec ponam inimicos tuos* scabellum pe — — — dum tu - o - rum.

Virgam virtutis tuæ
emittet Dominus ex Sion :* dominare in medio inimico — — rum tu - o - rum.

Tecum principium
in die virtutis tuæ,
in splendoribus Sanctorum :* ex utero ante luciferum ge - nu - i te.

Juravit Dominus
et non pœnitebit e-um :* Tu es Sacerdos in æternum secundum ordinem Melchisedech.

Dominus à dextris tuis :* confregit in die iræ su - æ re - ges.

Judicabit in natio-
nibus implebit ruinas :* conquassabit capita in ter — — ra mul-to - rum.

De torrente in via bibet :* propterea exal — — — ta - bit ca - put.

Gloria Patri et Filio, * et Spi - ri — — — tu - i Sancto.

Sicut erat in principio
et nunc et semper,* et in secula secu — — — lo - rum. A - men.

39ᴱ LEÇON.

2ᵉ ANTIENNE.

Subs-tan-ti-a tu - a dul-ce di-nem tu-am quam in Fi - li-os ha - bes.

Os - ten - de - bat, ut nu - tri-ren - tur jus - ti.

2ᵉ PSAUME.

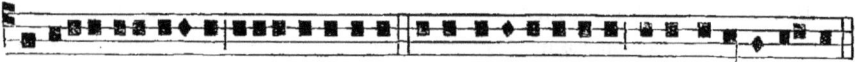

Con-fi-tebor tibi, Domi-ne, in toto corde me-o, * in con-ci-li - o jus-to-rum et congrega- ti - o - ne.
Magna opera Domini,* exquisita in omnes volunta - tes e - jus.
Confessio et magnificentia opus ejus; * et jus- ti-ti-a ejus ma-net in seculum se-cu-li.
Memoriam fecit mirabilium suorum
misericors et misereatur Dominus :* escam de-dit ti-menti-bus se.
Memor erit in seculum testamenti sui : * virtutem operum suorum annuntiabit populo su-o.
Ut det illis hereditatem gentium ;* opera manuum ejus veritas et ju-di-ci-um.
Fidelia omnia mandata ejus,
confirmata in seculum seculi,* facta in veritate et e-qui-ta - te.
Redemptionem misit populo suo :* mandavit in æternum tes-ta-men-tum su-um.
Sanctum et terribile nomen ejus :* initium sapientiæ timor Do-mi-ni.
Intellectus bonus omnibus
facientibus eum :* laudatio ejus manet in seculum se-cu-li.
Gloria Patri et Fi-li-o,* et Spiri — — tu — — i Sancto.
Sicut erat in principio
et nunc et semper,* et in secula seculorum. A-men.

3ᵉ ANTIENNE.

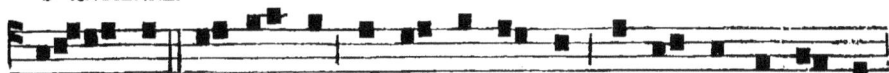

Pa - - nem de cœ-lo de-dis-ti e - is in-fa-me e-o-rum, pa-vis-ti e - os, ni-hil que e - is de-fu-it.

3ᵉ PSAUME.

Credi-di propter quod locu-tus sum;* e-go autem hu-mi-li-a-tus sum ni-mis.
Ego dixi in excessu meo:* om — — — — — nis ho-mo mendax.
Quid retribuam Do-mi-no,* pro omnibus quæ re-tribuit mi-hi?
Calicem salutaris ac-ci-pi-am,* et nomen Do-mi-ni in vo-ca-bo.
Vota mea Domino reddam
    eoram omni populo e-jus:* pretiosa in conspectu Domini mors sanctorum ejus.
O Domine, quia ergo servus tuus:* ego servus tuus, et Filius an-cil-læ tu-æ.
Dirupisti vincula mea:* tibi sacrificabo hostia laudis,
    et nomen Domini in-vo-ca-bo.
Vota mea Domino reddam
    in conspectu omnis populi ejus,* in atriis domus Domini,
    in medio tui, Je-ru-sa-lem
Gloria Patri et fi-li-o,* et Spi — — — — tu-i Sanc-to.
Sicut erat in principio
    et nunc et sem-per,* et in secula secu — — — lo-rum A-men

40ᴱ LEÇON.

4ᵉ ANTIENNE.

Co - me-de- runt, et sa-tu-ra - ti sunt, et im-pin-gua-ti sunt,

et a–bunda-ve -runt de-li - ci · is in bo - ni–ta - te tu - a mag-na.

4ᵉ PSAUME.

Be–a - ti om-nes qui ti-ment Do-mi·num,* qui am-bu-lant in vi – is e-jus.

Labores manuum tuarum quia manducabis,* beatus es, et bene		ti – bi e - rit.
Uxor tua sicut vitis	a –bun-dans,* in lateribus	do–mus tu –æ.
Filii tui sicut novellæ	oli-va - rum * in circuitu	mensæ tu –æ.
Ecce sic benedicetur	ho - mo * — —	qui timent Do–minum.
Benedicat tibi Dominus	ex Si - on; * et videas bona Jerusalem	
		omnibus diebus vi - tæ su –æ.
Et videas Filios Filiorum	tu -o - rum,* — —	pacem super Is - ra - el.
Gloria Patri	et Fi -lio, * — —	et Spiri- tu - i Sanc-to.

Sicut erat in principio, et nunc et semper, * et in secula secu - lo-rum. A-men.

5e ANTIENNE.

Do - mine, semper da no-bis panem hunc: verba vi-tæ æ-ter-næ ha-bes,

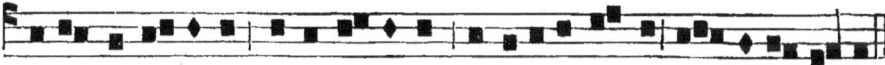

et nos cre-di-di-mus, et cog-no-vimus, qui-a tu es Christus Fi - li-us De-i.

5e PSAUME.

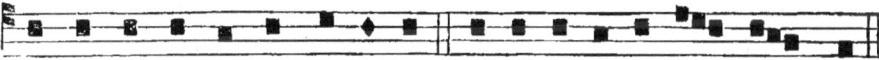

Lau-da, Je - ru -sa- lem, Do-minum:* lau-da De-um tu - um,   Si - on;
Quoniam confortavit
    se - ras por•ta - rum tu - a-rum,* benedixit filiis tu - is   in   te;
Qui posuit fines   tu - os pa-cem,* et adipe frumenti sati -   at   te;
Qui emittit eloquium su - um ter-ræ,* velociter currit ser-mo   e -   jus;
Qui dat nivem   si - cut la-nam,* nebulam sicut cine-rem   spar - git;
Mittit crystallum suam sicut bucel-las: * ante faciem frigoris ejus qui sustinebit?
Emittet verbum suum, et liquifaciet e-a: * flabit spiritus ejus et fluent a - quæ.
Qui annuntiat verbum suum   Ja-cob,* justitias et judicia sua Is - ra - ël.
Non fecit taliter omni na - ti - o - ni, * et judicia sua non manifestavit e - is.
Gloria Pa - tri   et   Fi-li-o, * et Spi - ri - tu - i   Sanc-to.
Sicut erat in principio,
     et nunc et sem - per,* et in secula seculorum.   A - men.

41ᴱ LEÇON.

Lorsque les cinq psaumes précédés et suivis chacun de son antienne sont finis, tous chantés dans le même ordre prescrit pour le premier, le prêtre officiant dit la Capitule, à la fin de laquelle le chœur, dans sa totalité, répond *Deo gratias*. Alors le grand chantre, ou l'un des chantres coryphées, entonne immédiatement le répons jusqu'à la reprise, ou jusqu'au premier astérisque. De là jusqu'au verset, c'est le chœur qui le chante. Quant au verset jusqu'au deuxième astérisque, ce sont les deux prêtres ou chantres assistants désignés d'avance qui le chantent, etc. Le chœur en entier reprend alors au premier astérisque, encore jusqu'au verset.

Les deux prêtres ou chantres assistants chanteurs du verset chantent alors le *Gloria Patri* comme il est marqué à la suite du verset ; et ensuite le grand chantre ré-entonne le répons, et le chœur le rechante pour la troisième fois. (¹)

Enfin, après cette troisième fois, et sans interruption, le grand chantre ou l'un des chantres coryphées entonne l'hymne. Le côté du chœur désigné le suit jusqu'à la fin du premier verset ou strophe, et ensuite l'autre côté du chœur chante la seconde strophe sur le même chant que la première, et ainsi de suite et alternativement jusqu'à l'*amen*, qui sera dit par les deux côtés du chœur.

Le chant des hymnes est une des plus grandes difficultés à vaincre par les élèves de plain-chant, parce qu'il faut appliquer les paroles des strophes qui composent l'hymne au seul chant fait pour la première strophe. Qu'ils s'attachent donc d'abord à bien comprendre le chant de la première strophe, à savoir sur quelle note finit chacun des vers qui la composent, et s'il y a une, deux ou plusieurs notes pour chaque syllabe. Ensuite qu'ils s'exercent à faire l'application des paroles de la deuxième strophe posément, et en faisant bien attention à ne pas dire deux notes pour une syllabe de la deuxième strophe, tandis qu'il n'y en aurait qu'une pour la première, ou à l'inverse.

---

(1) Dans quelques églises, c'est l'orgue qui fait l'intonation et joue jusqu'au premier astérisque ; le chœur alors chante jusqu'au verset, et l'orgue reprend depuis le premier astérisque jusqu'au verset. Dans ce cas, le grand chantre n'entonne qu'après tout ce qui vient d'être dit, et le chœur en entier chante tout le répons la troisième fois. Après, c'est encore l'orgue qui entonne et fait entendre le chant de la première strophe de l'hymne ; le chœur dit la seconde, et ainsi de suite et alternativement jusqu'à l'AMEN, lequel est toujours dit par l'orgue. Mais, je le répète, ces manières sont locales. A peine trouvera-t-on deux églises où elles ne soient point différentes.

RÉPONS.

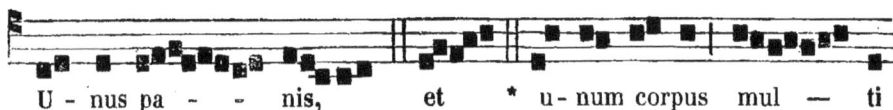

U - nus pa - - nis, et * u - num corpus mul — ti

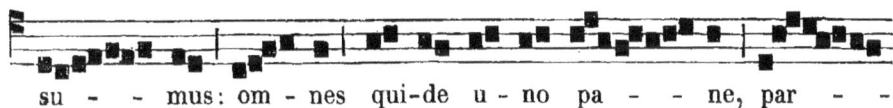

su - - mus: om - nes qui-de u - no pa - - ne, par - -

— — ti - ci pa - nus. ℣. E - xul - ta - te in cons-pec - tu

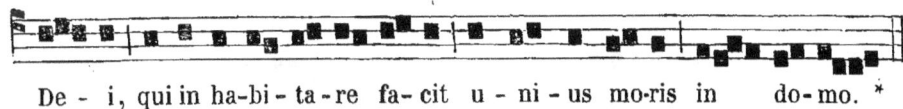

De - i, qui in ha-bi - ta - re fa- cit u - ni - us mo-ris in do-mo. *

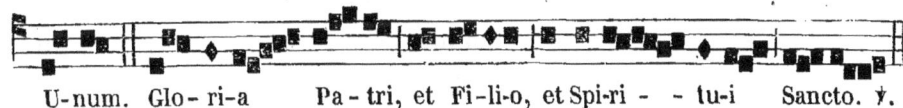

U-num. Glo - ri-a Pa - tri, et Fi - li-o, et Spi-ri - - tu-i Sancto. ℣.

HYMNE.

Pange lin-gua, glori-o - si Cor-po-ris myste - ri-um , San-guinisque præti-o-si,

Quem in mundi pre-ti - um Fructus ventris ge-ne-ro-si Rex ef-fudit gen-ti-um.

2e No-bis datus, no-bis na - tus Ex in-tac-ta Vir-gine, Et in mundo conversatus,
Spar-so ver-di se-mi-ne, Su - i mo-ras incola-tus Mi-ro clausit or-di-ne.

3e In su-pre-mæ nocte cœnæ, Recumbens cum fratribus, Ob-ser-va-ta lege plene,
Ci - bis in le-ga-li - bus; Ci-bum tur-bæ duo-de-næ Se dat su-is mani-bus.

4e Verbum caro, panem verum Verbo carnem efficicit: Fitque sanguis Christi merum;
Et si sen-sus de-fi - cit, Ad firmandum cor sincerum So - la fi-des suf-fi-cit.

5e Tan-tum er - go Sa-cra-mentum Ve-ne- remur cernui: Et antiquum documentum
No- vo re-dat ri-tu - i: Præstet fides supplementum Sensuum de-fec tu-i.

6e Ge - ni- to - ri, Ge-ni-to - que Laus et ju - bi-la-ti-o, Salus, honor, virtus quoque
Sit et be -ne-dic-ti - o: Pro-ce-den-ti ab u-troque Compar sit lauda-ti-o.

42ᵉ LEÇON.

Après l'*Amen* de l'hymne, les enfants-de-chœur, ou les chantres coryphées, chantent le verset de l'exemple, et le chœur dit la réponse qui suit le verset.

Pendant que le chœur seul, ou le chœur et l'orgue, chantent l'hymne, le grand chantre, accompagné d'un des chantres coryphées, va inviter le prêtre ou le chantre assistant qui doit indiquer l'antienne de *Magnificat*. Effectivement, aussitôt que le chœur a répondu au verset qui est après l'hymne, le prêtre officiant, ou celui qui a été désigné à cet effet par le grand chantre, indique l'antienne, et le grand chantre alors entonne le *Magnificat* avec la plus grande solennité; le côté du chœur désigné finit le premier verset entonné, et l'autre côté reprend, à la médiation du ton, le deuxième verset pour le chanter à son tour; et ainsi de suite et alternativement jusqu'à l'*Amen*.

Le *Magnificat* fini, le grand chantre entonne l'antienne de *Magnificat*, et le chœur la chante en entier; ou à l'inverse, selon le rite, on chante l'antienne avant le *Magnificat*. Dans ce cas, l'officiant dit le *Dominus vobiscum* après l'*Amen* du *Magnificat*, et le chœur lui répond: *et cum Spiritu tuo*. L'officiant dit l'oraison de la fête, à laquelle le chœur répond: *Amen*. Et, après un second *Dominus vobiscum* de l'officiant, auquel le chœur lui fait la réponse ci-dessus, le grand chantre ou les chantres coryphées chantent le *Benedicamus Domino* de l'exemple, auquel répond le chœur par le *Deo gratias* qui suit.

Toutes les cérémonies prescrites dans cette leçon, ainsi que dans les précédentes, je le répète, sont celles qu'on observe dans le diocèse de Bourges. Peut-être que cet ordre est conforme à celui de plusieurs autres diocèses de France. Quoiqu'il en soit, je ne prétends pas le donner comme un modèle parfait. Mais je ferai observer à mes lecteurs que la manière de faire l'office ici est, dans le fond, la même partout. Il n'y a qu'une partie des formes qui est différente.

Dans beaucoup d'églises, et notamment en France, on a la prétention de chanter le *Magnificat* en harmonie, ou en *faux-bourdon.* Ce terme, adopté par les chantres, caractérise parfaitement la chose. J'en parlerai plus loin.

VERSET POUR APRÈS L'HYMNE.

℣. Do - mi - nus in cir - cu - i - tu po - pu - li su - i. — —

℟. Ex hoc nunc us - que et in se - cu - lum. — — —

ANTIENNE DE *MAGNIFICAT.*

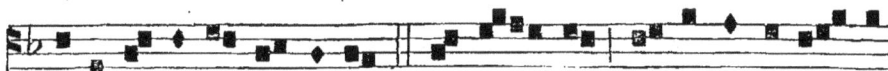

Non est a - li-a na - ti - o tam gran - dis, Quæ ha - be - at De - os

ap-propin-quan-tes si - bi, si-cut De - us nos - ter.

INTONATION. MÉDIATION. TERMINAISON.

Magni-fi-cat * — — — — — a - nima mea Dominum.
2ᵉ Et ex - ul - ta-vit spi-ri - tus me - us * in Deo sa - lu-ta-ri me - o;
3ᵉ Quia respexit humilatem ancillæ suæ: *
ecce enim ex hoc beatam me dicent omnes gene-ra - ti - o-nes.
4ᵉ Quia fecit mihi magna qui potens est; * et sanctum nomen e-jus.
5ᵉ Et misericordia ejus
à progenie in progrenies * ti — — mentibus e-um.
6ᵉ Fecit potentiam in brachio su - o; * dispersit superbos mente cordis sui.
7ᵉ Deposuit potentes de se - de, * et ex-al-ta-vit hu-mi- les.
8ᵉ Esurientes implevit bo - nis, * et divites di -mi-sit i-na-nes.
9ᵉ Suscepit Israel puerum su - um, * recordatus mise-ri-cor-di - æ su-æ.
10ᵉ Sicut locutus est ad Patres nostros, * Abraham et semini ejus in se-cula.
11ᵉ Gloria Patri et Fi-li - o, * et Spi - ri - tu - i Sancto.
12ᵉ Sicut erat in principio et nunc et semper, * et in secula secu-lo-rum. Amen.

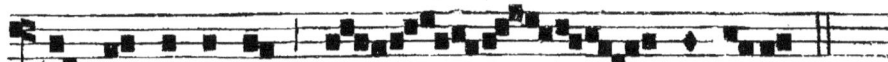

Be - ne - di - ca - mus Do - — — mi - no.

De - o di - ca - mus gra - — — ti - as.

43ᴱ LEÇON.

COMPLIES.

Après le *Deo gratias* de vêpres, lorsque la fête est d'un rite inférieur à celui de l'Annuel, on chante une ou plusieurs commémoraisons d'autres fêtes ou d'autres saints que celle qui est célébrée principalement.

Ces commémoraisons consistent dans le chant d'une antienne, d'un verset et d'une oraison en l'honneur de la fête ou du saint qu'on ne célèbre pas. On fait les commémoraisons moins solennellement, mais toutes dans l'ordre prescrit.

Dans la généralité de l'Eglise, il est d'usage de dire les *Complies* aussitôt après les vêpres, avant la procession et la bénédiction, si on la donne.

On les commence par le *Converte nos, Deus salutaris noster*. ℟. *Et averte faciem tuam a nobis*; et ensuite : *Deus in adjutorium meum intende*, etc., comme pour les vêpres, mais moins solennellement. Le prêtre ou le chantre invité à cet effet indique l'antienne, et aussitôt le grand chantre ou l'un des deux chantres coryphées entonne ou chante tout le premier verset du premier psaume des complies du jour (¹). Le côté du chœur marqué dit le deuxième verset, l'autre côté le troisième, et ainsi de suite comme pour tous les autres psaumes en y ajoutant aussi, à la fin de chacun, le *Gloria Patri*, etc.

A la fin des trois psaumes, on chante l'antienne, et après on entonne de suite l'hymne, que l'on dit comme de coutume.

J'ai mis l'antienne et l'hymne de complies en travers de la page, afin que les élèves voyent l'étude spéciale qu'ils doivent faire pour bien chanter un hymne, c'est-à-dire pour bien appliquer les paroles au chant, sans faire des syllabes longues pour des brèves, ou à l'inverse.

---

(1) Elles se composent de trois psaumes seulement, qu'on dit de suite et sur la seule indication de l'antienne. Dans le rituel romain, les complies sont toujours les mêmes, celles des Dimanches.
Les offices de PRIME, de TIERCE (qu'on dit avant la grand'messe), de SIXTE (qu'on dit après la grand'messe), et de NONE (qu'on dit avant les vêpres), sont absolument comme les complies.

ANTIENNE DE COMPLIES.

Memo-ri-a me-a in ge-ne-ra-ti-o-nes se-cu-lorum.Qui e-dunt me ad huc e-su-ri-ent; et qui bibunt me, ad huc si-ti-ent.

HYMNE.

1er O quam stu-pen-das in-du-it Formas a-mor! Verbum De-i Ju-gis sub a-ra vic-ti-ma, Se præ-bet in ci-bum su-is.
2e Di-vi - - nus hos-pes in-ti-mis In-fu-sus hœ-ret cor-dibus: Hinc facta morta-lis ca-ro Di-vi-ni-ta-tis par-ti-ceps.
3e Je-su - - vo-lup-tas cordi-um, Be-a-ta pax a-man-ti-um, Qui carne nos pa-cis di-e, In noc-te nos-tra-sis qui-es.
4e A-quo - cre-a-mur, laus Patri; Quo pascimur laus Fi-li-o; Quo consecramur, non minor Laus u-tri-us-que fla-mi-ni.

A - men.

44ᴇ LEÇON

Après l'*Amen* de l'hymne des complies, l'officiant dit la Capitule, à la suite de laquelle les enfants-de-chœur, et, en leur absence, les chantres coryphées, entonnent le répons *In manus,* etc., qui est le même pour toutes les fêtes de l'année.

Lorsque le répons est fini, on indique, comme à l'ordinaire, l'antienne ; et le grand chantre entonne le *Nunc dimittis*, etc., dans le ton voulu par l'antienne. Quand il est chanté, le grand chantre entonne l'antienne et le chœur la chante.

Ceci fini, l'officiant dit l'oraison finale précédée du *Dominus vobiscum*, etc. Après l'*Amen* répondu par le chœur, l'officiant dit encore *Dominus vobiscum*, etc., *Benedicamus Domino*, etc.; et après le *Gratia Domini nostri*, etc., et l'*Amen* répondu par le chœur, le grand chantre entonne alors une des quatre antiennes de l'année à la Sainte-Vierge (¹), celle qui est propre au temps, ou d'après l'époque de l'année.

Cette antienne est chantée alternativement par les deux côtés du chœur, et on la finit par le verset qui doit être chanté par les enfants-de-chœur ou par les chantres coryphées ; et l'oraison dite par l'officiant, le chœur lui répond par le dernier *Amen*.

(1) Je copie, aux pages 79 et 80, les quatre antiennes de la Sainte-Vierge avec leurs versets respectifs, pour la plus grande commodité des élèves, comme je l'ai également fait, mats en harmonie, dans la deuxième partie de l'ALPHABET MUSICAL.

RÉPONS DE COMPLIES.

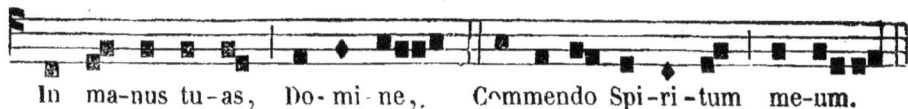

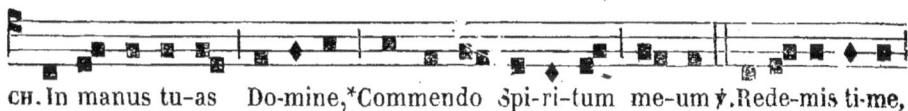

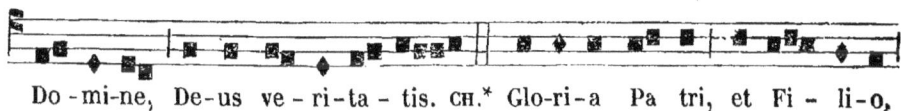

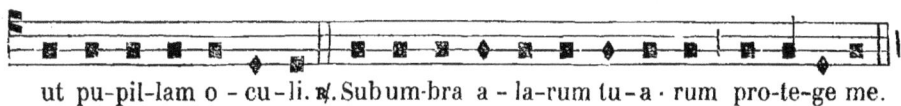

In ma-nus tu-as, Do-mi-ne,. Commendo Spi-ri-tum me-um.

CH. In manus tu-as Do-mine,*Commendo Spi-ri-tum me-um ℣.Rede-mis ti-me,

Do-mi-ne, De-us ve-ri-ta-tis. CH.* Glo-ri-a Pa tri, et Fi-li-o,

et Spi-ri-tu-i Sanc-to. CH. In ma-nus.℣.Cus-to-di me, Do-mi-ne,

ut pu-pil-lam o-cu-li.℟.Sub um-bra a-la-rum tu-a·rum pro-te-ge me.

ANTIENNE DU *NUNC DIMITTIS.*

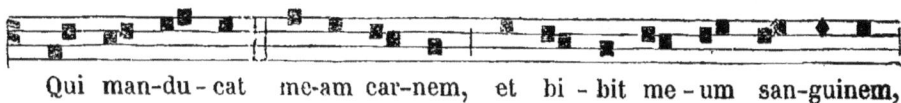

Qui man-du-cat me-am car-nem, et bi-bit me-um san-guinem,

e-go re-sus-ci-ta-bo e-um in no-vis si-mo di-e.

45ᴱ LEÇON.

ANTIENNE DE LA SAINTE VIERGE,
DEPUIS L'AVENT JUSQU'A LA PRÉSENTATION DE NOTRE SEIGNEUR.

Al — — — ma redempto-ris ma-ter, Quæ per — -vi-a

cœ — li por — ta ma — nes, et stel — la ma — ris;

succu-re ca-den-ti, surge-re qui cu-rat po-pulo: Tu quæ ge -

- - nu-is-ti, na-tu - ra mi-ran-te, Tu-um sanctum ge-ni-torem,

Vir - go pri - us ac pos - te-ri-us, Gabri-e - lis ab o - re

su-mens il - lud a - ve, pec-ca-to-rum mi - se-re - re.

℣. De-us in me-di-o e-jus. ℟. Non commo-ve-bi-tur.

DEPUIS LE LENDEMAIN DE LA PRÉSENTATION DE NOTRE SEIGNEUR,
AU MERCREDI SAINT INCLUSIVEMENT.

A - ve - - re-gi-na cœ-lo - rum; A — ve Do - mi-na

An-ge-lo - rum: Sal — ve ra - dix, sal-ve por-ta, ex qua mundo

lux est or - ta. Gaude Vir-go glo-ri-o-sa, su-per om - nes

spe-ci-o-sa: Va - - le, O val-de de-co - ra, et pro no - bis

Christum — ex o - ra. ℣ E-le-git eam Dominus. ℟. In habita ti-o-nem si-bi.

AU TEMPS PASCAL.

Re-gi-na cœ-li læ-ta — — re, Al - le - lu - ia, Qui a-quem me-ru - is - ti por — — ta - re, Al - le - lu - ia, Re-sur-re - xit, Si-cut di-xit, Al - le - lu - ia, O - ra pro no - bis De-um; Al-le - - lu — — ia. ℣. Circum de-dis-ti me læ-ti-ti-a, Do-mi-ne. ℟. Ut cantet ti - bi glo-ri - a me-a.

DEPUIS LA TRINITÉ JUSQU'A L'AVENT.

Sal - ve, Re - gi - na, Ma-ter mise-ri-cor — — di-æ, vi - ta, dul-ce - do et spes nostra, sal - ve, Ad te cla-ma-mus e - xules, fi - li-i E - væ; Ad te sus-pi-ra - mus gementes et flen-tes in hac la - cryma-rum val-le. Eia er-go, ad-vo-ca-to nostra, il-los tu - os mise-ri-cor-des o - cu-los ad nos, con-ver - te, Et Jesum bene - dictum fructum ven-tris tu - i, no - bis post hoc e - xi - li-um os - ten-de; O cle - mens! O pi - a! O — — dulcis Vir-go Ma - ri - a! ℣. Vultum tu - um de-pre-ca-bun-tur, ℟. Om-nes di - vi-tes ple-bis.

46ᵉ LEÇON.

BENÉDICTION.

Lorsqu'on fait la procession du Saint-Sacrement, soit après le *Deo gratias* de vêpres, ou soit après le dernier *Amen* de complies, le grand chantre, avec le côté du chœur nommé ou l'orgue, entonne et chante toute la première strophe de l'hymne qui est à la page 73. L'autre côté du chœur chante la deuxième, et ainsi de suite pendant la procession (¹).

A la rentrée de la procession au maître-autel, et après le verset chanté, l'officiant dit l'oraison; après laquelle, et lorsqu'on donne la bénédiction du Saint-Sacrement, non précédée de procession, le grand chantre entonne l'*Ave verum,* qu'un des côtés du chœur continue jusqu'à la reprise, où l'autre côté le reprend, et ainsi de suite et alternativement; ou bien c'est l'orgue qui remplace le premier côté du chœur, et le chœur en entier le deuxième côté.

L'oraison dite par l'officiant, et l'*Amen* répondu par le chœur, le grand chantre entonne une antienne à la Sainte-Vierge, et le chœur la chante.

Le *Sub tuum Præsidium* est le répons le plus généralement chanté en place de toute autre antienne à la Sainte-Vierge (²).

Lorsqu'il est fini, et que l'officiant a dit l'oraison à laquelle le chœur a répondu *Amen*, le grand chantre entonne le *Domine salvum fac regem,* lequel étant chanté et les cérémonies faites par l'officiant, celui-ci monte au maître-autel et chante, *Sit nomen Domini,* etc., auquel le chœur répond sur le même ton; l'officiant reprend *Adjutorium nostrum,* etc., et le chœur fait sa réponse, après laquelle, et la bénédiction donnée par l'officiant, le chœur dit l'*Amen* final.

---

(1) Dans l'église de Bourges, ou chante toujours l'Ave verum avant la procession, excepté pendant l'octave de la Fête-Dieu, et on dit l'antienne à la Sainte-Vierge à la rentrée de la procession au maître-autel, etc.

(2) C'est, à mon avis, le meilleur et le plus incontestable éloge qui puisse être fait au mérite des paroles de ce répons, et beauté du chant qui les rehausse pour les rendre aussi chères et aussi touchantes, au goût et d'après le jugement public

AVE VERUM.

A - ve ve - rum corpus na - tum de Ma - ri - a Vir - gi - ne:

Ve - re pas-sum, im-mo-la - - tum in cru-ce pro ho - mi-ne:

Cu-jus la-tus per-fo - ra - tum flu-xit a - qua et san - gui-ne.

Es-to no-bis præ-gus - ta-tum mor-tis in e - xa - mi - ne.

O Jesu dul-cis, Je - su pi - e, O Je-su Fi-li Ma-ri-æ, tu nobis mi-se-re-re

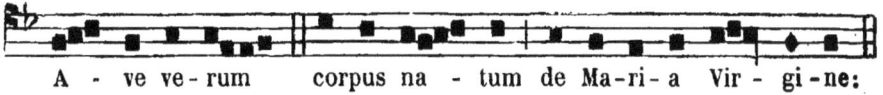

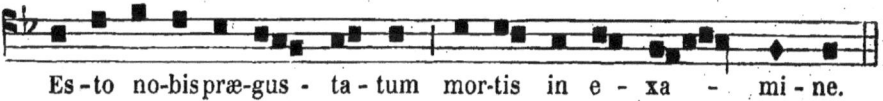

SUB TUUM PRÆSIDIUM.

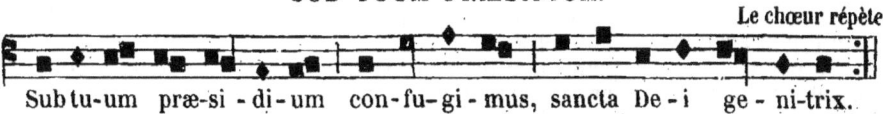

Le chœur répète

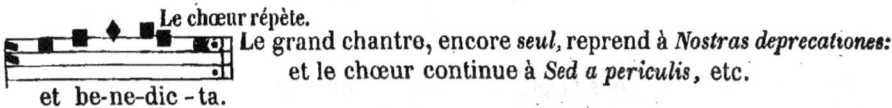

Sub tu-um præ-si - di-um con-fu-gi-mus, sancta De-i ge - ni-trix.

Le chœur répète.

Nos-tras de-pre-ca - ti-o - nes ne des - pi-ci-as in ne-ces-si-ta-ti-bus,

Sed a pe - ri - cu-lis cunc-tis li-be-ra nos semper, Vir-go glo-ri - o - sa

Le chœur répète.

Le grand chantre, encore *seul*, reprend à *Nostras deprecationes:*
et le chœur continue à *Sed a periculis*, etc.

et be-ne-dic - ta.

Do-mi-ne salvum fac regem, Ludo-vicum Philippum.* Et ex-au-di nos in di-e

qua in-vo-ca-ve - ri-mus te.

Sit nomen Do-mi - ni be-ne-dic-tum * Ex hoc nunc et usque in se-cu-lum.
Adjutorium nostrum in nomine Domini * Qui fecit cœlum et ter-ram.

47ᵉ LEÇON.

RÉFLEXIONS ET OBSERVATIONS.

On se sera aperçu que, prescrire des règles précises pour chanter l'office divin, est, sinon impossible, pour le moins très difficile; car, pour atteindre ce résultat, qui est pourtant très désiré par la généralité des fidèles, et bien plus encore par les rêveurs de l'unité réelle de l'Eglise universelle, il faudrait une loi générale qui exprimât la volonté absolue du S. P. le Pape, et que cette loi fût secondée par l'*omnipotence*, en cette matière, de messeigneurs les Archevêques et Evêques de la chrétienté. Car autrement, je l'ai déjà dit, on suivra dans chaque diocèse une liturgie différente, ou tout au moins on chantera le plain-chant autrement; la grand'messe qui sera chantée dans un diocèse aux annuels, le sera dans un autre aux doubles majeurs, et ainsi des autres messes et des autres offices. Dans l'évêché A, l'usage sera de chanter les complies aussitôt les vêpres finies, tandis que dans l'évêché B on fera la procession aussitôt après les vêpres, et que dans l'évêché voisin on ne chantera jamais les complies, etc. D'un autre côté, on touche de l'orgue ici au premier et cinquième psaumes des vêpres, tandis que, dans un autre diocèse, on ne le touche qu'à l'hymne, ou au répons, etc.; et enfin, il est constant qu'il n'y a pas deux églises où l'on fasse l'office divin de la même manière et avec les mêmes cérémonies.

Par ces raisons, on peut faire observer seulement: 1° les défauts constitutifs de cet art, et les corriger en partie à l'aide des nouvelles règles, lesquelles, par leur précision, feront disparaître successivement toutes les plus grosses absurdités des anciennes routines, de manière à ce qu'on puisse entendre chanter, à l'église au moins, les louanges de Dieu; et 2° prévenir les élèves afin qu'ils ne soient point surpris, lorsqu'ils passeront d'un diocèse dans un autre, par les différents usages qu'ils trouveront établis dans chaque église.

Il en est de même pour les cérémonies de tous les offices, quoiqu'en réalité le fond soit partout le même, comme il a été déjà dit.

HYMNES ET PROSES.

Il y a plusieurs hymnes et plusieurs proses qui sont écrites sous une sorte de mesure *ternaire*. Je dis à dessein *sous une sorte*, parce que, dans la généralité des liturgies, ces proses et ces hymnes sont écrites avec des irrégularités si frappantes que les élèves les moins avancés les remarquent, et leurs idées de mesure et d'ordre en seraient ébranlées, bouleversées, si ce même sentiment d'ordre et de mesure, accompagné de celui de la tonalité, lesquels sont heureusement innés chez l'homme, ne venaient à leur secours pour les pousser avec force, et souvent à leur insu, vers le bien et le beau, quoiqu'ils aient sous les yeux le mauvais, la contradiction flagrante écrite en gros caractères. Car, quoique dans presque toute la strophe de ces hymnes, la mesure ternaire se fasse sentir par l'apparition régulière d'une *carrée* suivie d'une *losange*, ou à l'inverse, cette mesure contraste fort avec la grande irrégularité des bâtons de ponctuation, qui sont le plus souvent très mal placés; mais ce qui surtout arrête court les élèves, ce sont les deux ou trois notes carrées qu'on trouve de suite dans certaines phrases ou vers de chaque strophe.

Le maître est forcé, dans ce cas, bien malgré lui pourtant, de conseiller aux élèves de faire comme ils le sentent et non d'après ce qui est écrit.

48ᴱ LEÇON.

DE L'HARMONIE, DITE, EN TERME DE PLAIN-CHANT, *FAUX-BOURDON.*

S'il est difficile de déraciner un usage consacré par le temps, une habitude héritée de nos pères, il ne l'est pas moins de rester indifférent, et de se faire sourd lorsqu'on a des oreilles, et muet quand on a une langue pour parler et une plume pour écrire la vérité, surtout lorsqu'on a le bonheur d'habiter un pays libre, éclairé.

Si j'ai suffisamment prouvé et démontré par des faits cette vérité fondamentale, base de tout mon enseignement musical, que, *qui parle, chante,* de laquelle source ont jailli tous mes autres principes alphabétiques et une grande partie de mes règles grammaticales de la langue musicale; si ces bases posées ont démontré avec évidence, par les principes et les règles subséquentes et échelonnées comme d'elles-mêmes, que tout homme vient au monde portant avec lui le sentiment de la musique, et que ce sentiment n'est autre que celui de la parole, mais plus relevé, plus brillant, et enfin le plus poétique de tous les sentiments existants : qui ne comprendra pas que c'est de là que lui vient ce besoin de parler et d'entendre parler, de chanter et d'entendre chanter.

Cependant, l'esprit d'investigation, d'ambition et d'égoïsme s'est bientôt rassasié du plaisir du chant simple, de la mélodie, quoiqu'il eût fait jusque là ses délices. Il conçut qu'on pourrait chanter, en même temps, à deux, à plusieurs même, des chants divers formant un tout complet, parfait, et pourtant avec des parties hétérogènes. Et cela sans se gêner les uns les autres, ni dans le sens et la marche des sons, ni dans celui des paroles?

Il essaya donc et il trouva qu'effectivement, et par règle générale, deux chants ou mélodies, faites surtout en sens inverse, ou placés (les sons des deux chants) à une certaine distance de leur point de départ égal, produisaient un bien meilleur effet, causaient une nouvelle et ravissante jouissance. Et de là le *contre-point* des anciens, et plus tard, et successivement la science de l'harmonie à trois et à quatre parties.

Et en effet, lorsqu'elle est bien faite d'après les règles, et qu'elle est fille de la divine inspiration, quelle science peut se vanter de produire des effets aussi extraordinaires, aussi délicieux, et enfin aussi célestes que ceux de l'harmonie!

Elle fût d'abord consacrée à Dieu, son père, par tous les peuples; et il n'existe pas encore un meilleur moyen au pouvoir de l'homme pour s'adresser plus dignement à son créateur, soit pour le prier, soit pour le louer. Pourquoi donc avoir donné à ce moyen, qui est le plus élevé et le plus parfait de tous ceux que l'homme possède, le nom de *Faux?* Quelle est l'origine de cette contradiction, ou quelle est l'étymologie de ce mot?

Mes faibles connaissances n'ont pas creusé assez profondément la science historique du plain-chant pour que je puisse donner une solution satisfaisante à ces questions. Mais comme je ne parle qu'avec ma langue à moi, et très rarement par ce que les anciens ou les contemporains ont dit: que je n'écris que d'après ce que mes yeux ont vu et mes oreilles entendu, je pense donc que, s'il fallait donner un nouveau nom à ces chants baroques, exempts de toutes règles d'harmonie, et, parfois même, de bon sens, on les baptiserait encore à l'unanimité et à bon droit, de leur nom très propre de *Faux-Bourdon,* qui est celui qui les caractérise le mieux, car pour les exécutants, comme pour les auteurs de ces harmonies, le *sentiment de la tonalité* n'est rien; faire *deux ou plusieurs quartes* ou *quintes de suite en action semblable* est l'état normal de leur harmonie; *plusieurs unissons à l'octave,* une bagatelle; et, enfin, chanter dans le *mode majeur* lorsqu'il est *mineur,* et à l'inverse, ce sont des minuties qui ne méritent pas d'être réformées.

J'essaie, dans les pages suivantes, de mettre sous les yeux de mes lecteurs l'harmonie des huit tons réguliers de la psalmodie. On y trouvera quelques modifications apportées, non au chant des tons de la psalmodie, mais à l'harmonie de ces chants.

Eh! sans doute, cela blessera, surtout les premières fois, l'oreille habituée; mais elle acceptera bientôt, j'ose l'espérer, ce progrès rationnel qui est d'après les règles infaillibles de la science harmonique, et qui lui est présenté dans le seul but de lui donner plus de jouissance avec moins de peine et de tiraillements.

On ne trouvera pas étrange d'y voir les dièses ainsi que les bémols marqués, si l'on réfléchit que ceci n'est plus du plain-chant, mais de l'harmonie.

HUIT TONS RÉGULIERS DE LA PSALMODIE EN HARMONIE.

MAGNIFICAT DU 1er TON, A LA MÉDIATION SOL.

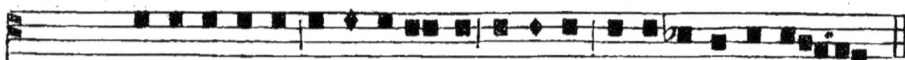

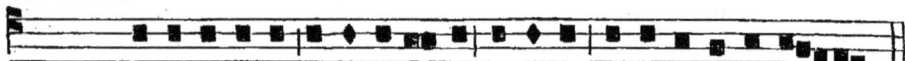

Et ex-ul-ta-vit Spi-ri-tus me-us:* in De-o sa-lu-ta-ri meo. - -

Quia fe-cit mi-hi mag-na qui po-tens est;* et sanctum nomen e-jus. — —
Fe-cit potentiam in brachio su-o: *dispersit superbos mente cordis sui. — —
E - su-ri-en-tes imple-vit bonis,* et divites di-mi-sit i-na-nes. — —
Si-cut lo-cutus est ad Patres nostros,* Abraham et semini ejus in secula. — —
Sicut erat in principio et nunc et sem-per,* et in se-cu-la se-cu-lo-rum. A-men.

MAGNIFICAT DU 2e TON, A LA MÉDIATION SOL.

1ers TÉNORS.

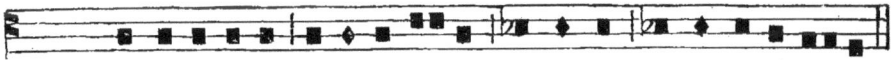

Et ex-ul-ta-vit Spi-ri-tus me-us:* in De-o sa-lu-ta-ri me-o.

SOPRANI.

Et ex-ul-ta-vit Spi-ri-tus me-us:* in De-o sa-lu-ta-ri me-o.

2es TÉNORS.

Et ex-ul-ta-vit Spi-ri-tus me-us:* in De-o sa-lu-ta-ri me-o.

BASSES.

Et ex-ul-ta-vit Spi-ri-tus me-us:* in De-o sa-lu-ta-ri me-o.

ORGUE.

Quia fecit mihi magna qui po - tens est * et sanctum nomen e - jus.

Fecit potentiam in brachio su-o; * dispersit superbos mente cordis sui.

E-su-ri-en-tes im-ple-vit bonis,* et di-vi-tes di-mi-sit i - na-nes.

Sicut locutus est ad Patres nostros,* Abraham et semini ejus in se-cu-la.

Sicut erat in princípio

et nunc et semper,* et in secula secu-lo-rum. A-men.

MAGNIFICAT DU 3ᵉ TON, A LA MÉDIATION SOL.

1ᵉʳˢ Ténors.

Et ex-ul-ta-vit Spi-ri-tus me-us:* in De-o sa-lu-ta-ri me - o.

Soprani.

Et ex-ul-ta-vit Spi-ri-tus me-us:* in De-o sa-lu-ta-rì me - o.

2ᵉˢ Ténors.

Et ex-ul-ta-vit Spi-ri-tus me-us:* in De-o sa-lu-ta-ri me - o.

Basses.

Et ex-ul-ta-vit Spi-ri-tus meus:* in De-o sa-lu-ta-ri me - o.

Orgue.

Quia fecit mihi magna qui potens est;* et sanctum nomen e-jus.
Fecit potentiam in brachio suo;* dispersit superbos mente cordis sui.
E - su-ri-en-tes implevit bo-nis,* et divites di - mi-sit i - na-nes.
Sicut locutus est ad Patres nostros* Abraham et semini ejus in secula.
Sicut erat in principio et nunc et semper,* et in secula seculorum. A - men.

MAGNIFICAT DU 4e TON, A LA MÉDIATION SOL.

1ers Ténors.

Et ex-ul-ta-vit Spiritus me-us:* in De-o sa-lu-ta-ri me - o.

Soprani.

Et ex-ul-tavit Spiritus me-us:* in Deo sa-lu-ta-ri me - o.

2es Ténors.

Et ex-ul-tavit Spiritus me-us:* in De-o sa-lu-ta-ri me - o.

Basses.

Et ex-ul-ta-vit Spi-ritus me-us:* in De-o sa-lu-ta-ri me - o.

Quia fecit mihi magna qui potens est;*   et sanctum no-men e - - jus.
Fecit potentiam in brachio su-o:* dispersit superbos mente cordis su-i.
E-su-ri-en-tes implevit bo-nis,* et di-vi-tes di-mi-sit i-na - - nes.
Sicut locutus est ad Patres nostros,* Abraham et semini ejus in secu - la.
Sicut erat
     in principio, et nunc et semper,* et in secula seculorum. A - - men.

MAGNIFICAT DU 5ᵉ TON, A LA MÉDIATION *SOL*.

1ᵉˢ TÉNORS.

Et ex-ul-ta-vit Spi-ri-tus me-us:* in De-o sa-lu-ta-ri me-o.

SOPRANI.

Et ex-ul-ta-vit Spi-ri-tus me-us:* in De-o sa-lu-ta-ri me-o.

2ᵉˢ TÉNORS.

Et ex-ul-ta-vit Spi-ri-tus me-us:* in De-o sa-lu-ta-ri me-o.

BASSES.

Et ex-ul-ta-vit Spi-ri-tus me-us:* in De-o sa-lu-ta-ri me-o.

ORGUE.

Quia fecit mihi magna qui potens est;* et sanctum nomen e-jus.
Fecit potentiam in bra-chio suo;* dispersit superbos mente cordis sui.
E - su-ri-en-tes implevit bo-nis,* et divites di - mi-sit i - na-nes.
Sicut locutus est ad Patres nostros* Abraham et semini ejus in secula.
Sicut erat in principio, et nunc et semper,* et in secula seculorum. A - men.

MAGNIFICAT DU 6ᵉ TON, A LA MÉDIATION SOL.

1ᵉʳˢ TÉNORS.

Et ex-ul-ta-vit Spi-ri-tus me-us:* in De-o sa-lu-ta-ri me-o.

SOPRANI.

Et ex-ul-ta-vit Spi-ri-tus me-us:* in De-o sa-lu-ta-ri me-o.

2ᵉˢ TÉNORS.

Et ex-ul-ta-vit Spi-ri-tus me-us:* in De-o sa-lu-ta-ri me-o.

BASSES.

Et ex-ul-ta-vit Spi-ri-tus me-us:* in De-o sa-lu-ta-ri me-o.

ORGUE.

Quia fecit mihi magna qui potens est;* et sanctum nomen e-jus.
Fecit potentiam in brachio suo;* dispersit superbos mente cordis sui.
F-su-ri-en-tes implevit bo-nis,* et divites di-mi-sit i-na-nes.
Sicut locutus est ad Patres nostros* Abraham et semini ejus in secula.
Sicut erat in principio et nunc et semper,* et in secula seculorum. A-men.

MAGNIFICAT DU 7ᵉ TON, A LA MÉDIATION *SOL.*

1ᵉʳˢ Ténors.

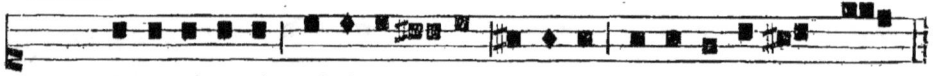

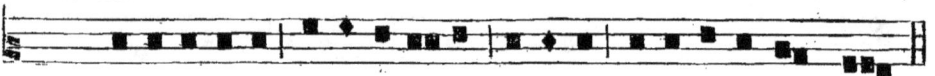

Et ex-ul-ta-vit Spi-ri-tus me-us:* in De-o sa-lu-ta-ri me - - o.

Soprani.

Et ex-ul-ta-vit Spi-ri-tus me-us:* in De-o sa-lu-ta-ri me - o.

2ᵉˢ Ténors.

Et ex-ul-ta-vit Spi-ri-tus me-us:* in De-o sa-lu-ta-ri me - - o.

Basses.

Et ex-ul-ta-vit Spi-ri-tus me-us:* in De-o sa-lu-ta-ri me - o.

Orgue.

Quia fe-cit mi-hi mag-na qui po-tens est;* et sanctum nomen e — jus.
Fe-cit potentiam in brachio su-o :* dispersit superbos mente cordis sü — i.
E - su-ri-en-tes imple-vit bonis,* et divites di-mi-sit i - na — nes.
Si-cut lo-cutus est ad Patres nostros,* Abraham et semini ejus in se-cu — la.
Sicut erat in principio et nunc et sem-per,* et in se-cu-la se-cu-lo - rum. A - men.

MAGNIFICAT DU 8ᵉ TON, A LA MÉDIATION *SOL.*

1ᵉʳˢ TÉNORS.

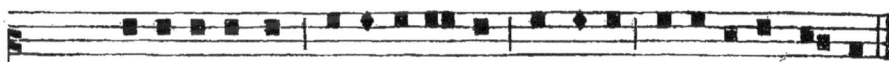

Et ex-ul-ta -vit Spi-ri-tus me-us:* in De-o sa-lu-ta-ri me- o.

SOPRANI.

Et ex-ul-ta -vit Spi-ri-tus me-us:* in De-o sa-lu-ta-ri me- o.

2ᵉˢ TÉNORS.

Et ex-ul-ta -vit Spi-ri-tus me-us:* in De-o sa-lu-ta-ri me- o.

BASSES.

Et ex-ul-ta -vit Spi-ri-tus me-us:* in De-o sa-lu-ta-ri me- o.

ORGUE.

Quia fecit mihi magna qui potens est;* et sanctum nomen e-jus.
Fecit potentiam in bra-chio suo;* dispersit superbos mente cordis sui.
E - su-ri-en-tes implevit bo-nis,* et divites di – mi-sit i - na-nes.
Sicut locutus est ad Patres nostros* Abraham et semini ejus in secula.
Sicut erat in principio, et nunc et semper,* et in secula seculorum. A - men.

49ᴱ LEÇON.

MATINES (¹).

Après que l'officiant a entonné le *Domine Labia*, etc., et le *Deus in adjutorium*, etc., et que le chœur en entier y a répondu comme d'ordinaire, le grand chantre entonne et dit toute l'antienne de l'*Invitatoire*, laquelle antienne, répétée par le chœur ou par l'orgue, les deux coryphées chantent la première des cinq strophes et *Gloria Patri* dont se compose ce psaume ; et, à la fin de chacune de ces strophes, le chœur ou l'orgue répète l'antienne ; seulement, la dernière fois, après le *Gloria,* c'est encore le grand chantre qui l'entonne et le chœur qui la finit.

Aussitôt après, le grand chantre entonne l'hymne, et on la dit comme de coutume, ou bien c'est l'orgue qui dit toute la première strophe et le chœur la deuxième, et ainsi de suite.

Suivent après les trois *Nocturnes* qui composent les matines, excepté dans le temps paschal où il n'y en a qu'un.

Chaque nocturne est composé de trois antiennes, suivies, chacune, d'un psaume désigné dans la fête propre, à la suite de chaque antienne. Il en est de même dans les offices communs.

A la fin de chaque nocturne, il y a un verset, lequel est chanté par les enfants-de-chœur ou par les coryphées, et auxquels le chœur fait la réponse. Alors on dit le *Pater Noster* à voix basse, et l'officiant dit ensuite à haute voix : *Et ne nos inducas in tentationem,* et le chœur lui répond sur le même ton : *Sed libera nos à malo.* Le prêtre ou le chantre nommé d'avance pour lire une des trois leçons propres de chaque nocturne, s'adressant alors à l'officiant, lui dit, en chantant : *Jube Domine benedicere,* et l'officiant lui répond en lui donnant la bénédiction sous la formule qui est propre à chaque leçon, et à laquelle tout le chœur répond *Amen.* Alors le prêtre ou le chantre lit sa leçon, qui est une espèce d'épître ; à la fin de laquelle le chœur répond *Deo gratias.* Après quoi on chante le répons correspondant à chaque leçon, mais dans la même forme que celui d'avant le *Magnificat* de vêpres.

On procède de la même manière pour les deux autres leçons, et de même pour les deux autres nocturnes.

A la fin du neuvième répons, l'officiant entonne le *Te Deum,* que chantent solennellement et alternativement les deux côtés du chœur, ou le chœur et l'orgue.

---

(1) On pourra apprendre et entremêler l'explication de la manière de faire les offices de MATINES et des LAUDES dans les deux leçons suivantes, avec l'étude pratique de la psalmodie en harmonie. Ce mélange délasse et plaît.

On comprendra facilement aussi que, si j'avais mis tous les exemples pratiques de ces leçons, comme je l'ai fait pour tout le reste, cet ouvrage serait devenu trop dispendieux. Et l'on sait, d'ailleurs, que ces offices sont chantés bien rarement hors des cathédrales.

C'est encore par cette même raison d'économie que je me suis borné à mettre seulement le MAGNIFICAT en harmonie ; espérant bien que les élèves qui auront compris et bien saisi l'effet de la MÉDIATION dans ce psaume, en feront aussi facilement l'application dans tout autre psaume.

50ᵉ LEÇON.

LAUDES.

On dit toujours l'office de *Laudes* à la suite de celui de *Matines*.

Les *Laudes* se composent de cinq antiennes, suivies, chacune, d'un psaume qu'on dit immédiatement après que l'officiant a entonné le *Deus in adjutorium*, etc., et le *Gloria Patri*, etc., et que le chœur lui a répondu, comme d'ordinaire, en finissant par l'*Alleluia*.

Lorsque les cinq antiennes, suivies chacune de son psaume, sont finies, l'officiant chante la *Capitule*, et le chœur lui répond *Deo gratias*.

On chante ensuite l'hymne comme d'ordinaire, et, en la finissant, les enfants-de-chœur ou les coryphées disent le verset, auquel tout le chœur répond. Ensuite l'officiant ayant indiqué l'antienne, le grand chantre entonne le cantique de Zacharie : *Benedictus Dominus Deus Israel*, qu'alternativement les deux côtés du chœur, ou celui-ci et l'orgue, chantent, mais plus solennellement, c'est-à-dire comme le *Magnificat* de vêpres (1).

Ce cantique fini, on répète l'antienne; l'officiant dit *Dominus vobiscum*, etc., ensuite il dit aussi l'oraison propre du jour, et, après que le chœur y a répondu par l'*Amen*, le grand chantre entonne le *Benedicamus Domino* du rite, auquel le chœur répond par le *Deo gratias* du même. Enfin, l'officiant dit à demi-voix : *Fidelium animœ*. etc., auquel le chœur répond encore par l'*Amen* final, et à demi-voix aussi.

---

(1) Les élèves devraient tâcher de s'exercer à chanter ce cantique en harmonie dans tous les tons, ainsi que quelques autres psaumes, surtout de vêpres; car on les chante de la sorte dans plusieurs églises.

POUR RECONNAITRE LES TONS DU PLAIN-CHANT A L'AUDITION.

Lorsqu'un élève aura suivi avec zèle les leçons théoriques et pratiques de ce *Cours*, et préalablement celles de l'*Alphabet musical*, son organe se sera incontestablement réformé, à son insu peut être, et se sera corrigé ou perfectionné de manière à pouvoir bien chanter un morceau de plain-chant quelconque, à psalmodier, et surtout à bien connaître, à vue, les huit tons sans qu'il soit nécessaire de regarder le mot barbare de *euouae* (¹)

Or, les huit tons n'ayant que les quatre toniques *ré*, *mi*, *fa* et *sol*, les deux premières du mode mineur et les autres du majeur, le nombre des élèves qui ne distinguera pas le *mode* à la seule audition d'un chant sera très limité.

Le mode, une fois reconnu et bien constaté, lui donne la certitude que la tonique ou finale est *ré* ou *mi*, s'il est mineur, et *fa* ou *sol*, s'il est majeur.

La difficulté consistera donc, alors, à bien distinguer si la tonique est un *mi* ou un *ré*, lorsque le mode est mineur, un *fa* ou un *sol*, lorsqu'il est majeur. Mais quel sera l'élève qui n'aura pas senti et remarqué que l'allure, ou la marche des mélodies du premier et du second ton, pour revenir à leur tonique *ré* est très différente de celle des troisième et quatrième pour retomber à la leur, *mi*? Ignorent-ils que le ton ou gamme qui finit au *mi* a les deux demi-tons à un degré plus près que celle de *ré*?

Il en est de même pour celle des cinquième et sixième tons, bien différente aussi de celle des septième et huitième.

Reste donc, alors, à décider, comme conséquence forcée de l'attention avec laquelle on aura écouté le morceau, s'il est *supérieur* ou *inférieur*.

Mais comme la *tonique* et la *dominante* sont la base et les bornes naturelles de toute mélodie de plain-chant, il ne faudra pas un bien grand effort d'intelligence ni de mémoire pour savoir et retenir le nombre de degrés que le chant aura fait au-dessus de l'une et au-dessous de l'autre, et pour être assuré du ton qu'on entend chanter (²).

---

(1) Ces voyelles EUOUAE, que F. J. Fétis a très bien et justement qualifiées de mot BARBARE, et qu'on est toujours et malgré soi-même étonné de rencontrer dans des livres qui ne s'adressent qu'à la divinité, sont les initiales, ou l'HIÉROGLYPHE de SE-CU-LO-RUM. A-MEN, finale ordinaire de tous les psaumes.
Ce mot peint, dans la plus rigoureuse vérité, l'état actuel du plain-chant.

(2) Qu'on livre les élèves à cet exercice en les faisant sortir de la classe chacun à son tour pour entendre chanter sans la voir une antienne, un graduel ou un répons, etc., et pour dire dans quel ton il est.
Une seule fois ne suffira pas pour leur donner cette science. Ce sont des exercices qu'il faut répéter plusieurs fois pour en obtenir les résultats désirés.
On est surpris de voir le plain-chant si arriéré, surtout lorsqu'on est forcé de reconnaître qu'à peine un sur trente chantres, de ceux qu'on appelle bons, se doute que ces exercices sont ailleurs pratiqués comme faisant partie de l'état normal pratique du plain-chant. Là, les voyelles EUOUAE y sont bien aussi dessous les notes qui indiquent, comme ici, la terminaison du ton; mais seulement pour les antiennes, et encore sans les numéros qui désignent le ton. Les antiennes n'étant qu'indiquées sans être chantées avant le psaume, dans certains rites, il serait impossible de savoir dans quel ton elle est, puisque l'antienne ne serait pas entendue. Mais il n'y a pas de ton marqué dans tout ce qui compose le GRADUEL.
Les organistes aussi entonnent sur leur orgue les psaumes après l'audition des antiennes, sans avoir besoin du livre de chœur ni d'être prévenus.

CONCLUSION.

Après tout ce qui est dit dans ce volume, il ne reste à l'auteur de ce Cours, pour mieux mettre au grand jour toute sa pensée à l'égard du plain-chant, qu'à insérer ici la réponse qu'il fit, le 1er Juillet 1843, à la demande du programme du congrès scientifique de France, duquel il a l'honneur d'être membre.

CHAPITRE DES BEAUX-ARTS.

ARTICLE 14 : « Le plain-chant est-il la seule langue musicale qui doive être parlée « dans l'Eglise ? Et, dans le cas contraire, des différences essentielles et techniques « doivent-elles s'interposer entre la musique sacrée et la profane, indépendamment « de leurs tendances et de leurs caractères respectifs ? L'accompagnement de l'orgue « serait-il excepté ? L'orgue expressif est-il un progrès ou une décadence ? »

RÉPONSE.

La musique est la langue de l'univers, la première et la plus parfaite de toutes celles que l'homme possède, parce que ce n'est pas lui qui l'a inventée ; mais elle est parlée, sentie et comprise par lui, et même par tous les être créés, dès le premier instant de leur existence. C'est ainsi que tous le parlent, cet idiôme, quoique, pour le plus grand nombre, ce soit à leur insu. Ils chantent tous sans exception, mais dans la portée de leur timbre spécial, de leur organe ; de sorte qu'ils remplissent tous, et chacun d'eux, quelque imperceptible ou quelque célèbre et grand qu'il soit, une partie de cet immense concert de la création, dans lequel se fait entendre et admirer cette vaste et incomparable harmonie, la seule digne de son auteur.

Cette harmonie, cette langue de la nature, qui comble l'homme de bonheur ou de consolation, et qui ne le quitte jamais pendant sa vie mortelle, quelque nombreuses et variées qu'en soient les vicissitudes, peut-elle avoir plusieurs bases, différentes échelles de proportion, ou différents alphabets, enfin, des règles grammaticales qui soient en opposition les unes aux autres ? Nous ne le pensons pas, car ce serait supposer l'œuvre du Créateur imparfait. Et cependant, il faut bien l'avouer, c'est dans cet état d'instabilité que se trouve réduit le plain-chant de nos jours. Ses règles sont en opposition, en grande partie, à celles de la musique ; et pourtant le plain-chant est une fraction de la langue musicale par laquelle l'homme adresse à Dieu ses prières, ses actions de grâces, ses plaintes et même ses joies les plus pures, etc.

La musique profane ou mondaine exprime aussi, fait sentir et comprendre tous ces sentiments; mais d'une façon absolue, et qui embrasse tout ce qui est chant, musique, son; mais d'une manière variée à l'infini, et d'une allure plus vive, plus individuelle, plus morcelée et plus compliquée, et partant beaucoup plus difficile, moins grandiose que le plain-chant, et avec des résultats aussi minimes, en proportion, et qui sont bornés et sans vie. Il en est ainsi de toutes les œuvres qui sortent des mains de l'homme dans le seul but de plaire à son semblable.

Le plain-chant est une typographie distincte de celle de la musique proprement dite; mais cette typographie ne constitue pas une langue différente, car la musique est vraiment une et indivisible, partout elle est la même. Le plain-chant donc, nous le répétons, n'est qu'une fraction de la musique. Il est comparable aux individus, ou aux provinces d'un état qui exprimeraient leurs pensées par le dialecte provincial. Quoiqu'elles fassent, et n'importe les caractères typographiques qu'elles emploieront, ni le genre d'écriture, ni le style, ni même le but qu'elles se proposeront, leur langage sera toujours une fraction, un dérivé de la langue générale de leur nation.

Mais le plain-chant, *cantus planus*, devant être dit et compris par la multitude, et spécialement par une classe d'hommes généralement peu instruite, il faut qu'il soit, d'après sa propre et très logique dénomination, un chant uni, coulant et facile enfin, puisqu'il doit être à la portée de tous. Et pourtant il faut qu'il ait ce caractère sacré et divin que peut et doit inspirer le sentiment des paroles, les accents qu'il doit faire entendre et comprendre à la foule; car autant qu'il sera possible à l'homme, le plain-chant, par ses combinaisons mélodiques et harmoniques, par ses pauses, par ses rimes et ses cadences, doit donner à l'homme l'idée de la divinité, de l'infinie perfection, à qui, dans ce cas, il s'adresse.

Moins les caractères typographiques du plain-chant seront nombreux, plus ils seront gros et voyants, et mieux les différentes classes du peuple, qui sont les plus nombreuses de la société, le concevront et le chanteront bien. Le plain-chant donc doit être débarrassé d'un bon nombre des signes qu'on y a bénévolement surajoutés; mais ces caractères typographiques ne doivent point être changés; et tout au plus ils peuvent être grossis. On doit détruire bien des règles absurdes, et par conséquent qui se contrarient les unes les autres; c'est ce qui le rend souvent inintelligible, autant dans sa pratique que dans sa théorie. On doit aussi lui ôter tous les barbarismes et toutes les *traînasseries* de son chant, de sa mélodie, et, enfin, le rendre de la sorte *cantus planus*, et digne de sa mère la langue musicale,

C'est alors que le plain-chant serait pour nous la vraie langue par laquelle l'homme adresserait dignement à Dieu ses prières journalières, ainsi que le clergé les offices ordinaires de l'Église.

Et si le plain-chant est considéré par nous comme une fraction de la musique, il est évident que, lorsqu'on voudra célébrer avec plus de solennité et de pompe les offices divins, on pourra, on devra même réunir aux chants de l'Église tous les instruments existants, enfin la totalité des ressources de cet art qui embrasse tout ce qui est son. Et certes, cette masse, la plus considérable que les hommes puissent réunir, ne sera jamais au niveau de son objet. Ainsi, il n'y a pas d'instrument qui doive être exclus de l'église (1); pas plus que des catégories d'hommes. Autrement, ce serait comme prétendre ôter de la création une ou plusieurs de ses parties: elle croûlerait.

Mais de même que l'homme, pour être admis dans le sein de l'Eglise, doit être préparé de manière à pouvoir embrasser dignement tout ce que l'Eglise enseigne et croit; de même la musique sacrée, c'est-à-dire la partition et chacune de ses parties, chacun des instruments ou chacune des voix qui la composeront, devra être disposée et faite dans le sens des paroles, dans l'esprit religieux, catholique enfin. On ne sera point condamné, de la sorte, à n'entendre dans les lieux saints que la musique profane; car parfois même les orgues nous chantent des paroles sacrées, divines sur des airs de théâtre ou avec leurs allures, sur des chants ridicules en de tels lieux, et quelquefois même sur des chants obscènes, trop bien faits pour transporter les fidèles, en imagination, dans les scènes du monde. Et voilà pourquoi, à notre avis, messieurs les évêques ne sauraient être trop sévères contre cet abus, pour détruire un tel scandale. Les vrais artistes rougissent de voir leur art ainsi méconnu, défiguré et appliqué en sens inverse de son but réel.

Quant aux orgues, elles sont à l'église ce qu'est le plain-chant, l'instrument le plus religieux, parce que l'imitation de chacune de ses parties, de ses jeux, est celle qui approche le plus de la voix humaine; et, par conséquent, la totalité est celle qui imite aussi le mieux les grands chœurs de voix de la multitude; et de là provient qu'il est le plus harmonieux et celui qui a le plus d'étendue. Enfin, il est le premier entre tous les instruments; il est la base, et le conducteur en même temps, de toute orchestration religieuse.

Ainsi, pour les offices ordinaires et journaliers de l'église, c'est l'orgue, avec tous les perfectionnements dont il est susceptible et que le temps fera éclore, et le plain-chant réformé, mais non comme l'entendent les faiseurs de méthodes, même les plus modernes de cette partie de l'art musical. Ceux-là ne font, en réalité, que se copier les uns les autres avec quelque variante, et de la sorte confirmer la conviction intime des pauvres chantres dans la prédilection de leurs égarements théoriques et pratiques, et dans la routine la plus absurde, contraire même au simple bon sens musical. C'est ce qui rend le plain-chant insupportable, quand il devrait être la partie la plus sublime de la musique.

Nous reconnaissons dans l'orgue expressif les progrès suivants: 1° celui des anches libres; 2° celui de pouvoir prolonger les sons sans l'aide d'un tiers; et 3° celui du prix, inférieur à toute autre classe d'instruments à sons fixes.

Les anches libres ont pour résultat immédiat l'impossibilité de se discorder; tandis que les orgues à tuyaux les mieux conditionnées éprouvent ce dérangement,

(1) L'Ophicléïde lui-même, dans ces cas, ne doit pas être exclus.
L'usage de cet instrument pour diriger le chant à l'unisson est, à la pratique, ce que l'EUOUAE est à la théorie, son digne pendant.

parce que les anches n'étant pas libres, elles sont conséquemment ballottées, contrariées, et enfin forcées par l'air qui leur donne la vie, et le fer (qu'on appelle rasette) qui l'opprime en formant une barrière qu'il ne peut dépasser sans violence.

Il est reconnu maintenant qu'on peut jouer un orgue sans avoir besoin de souffleur. Le mécanisme des orgues expressives donne ce résultat, quoiqu'il soit loin d'avoir atteint le but qu'on a dû se proposer. Ce résultat doit être, ce nous semble, de donner le plus d'air qu'il se peut, et de le faire durer le plus long-temps possible; peu importe que ce soit par les pédales déjà en usage, ou par tout autre mécanisme, comme par exemple celui d'une pendule.

Cet instrument est à la portée de presque toutes les bourses; et, par lui, bien des jeunes gens peu fortunés pourront s'habituer au jeu des orgues des grandes églises, et préparer les morceaux à y jouer. Et puis les églises des villages pauvres pourront plus facilement avoir un orgue expressif qu'un orgue à tuyaux, d'abord sous le rapport du prix, et ensuite sous celui de la plus grande facilité d'être touché; parce que toute personne qui saura jouer le piano pourra toucher cet orgue aux offices divins.

Ainsi, l'orgue expressif est, sous tous les rapports, selon nous, un progrès. Et en supposant qu'il ne le fût pas par lui-même, il le serait encore, considéré comme moyen de faire progresser les orgues à tuyaux, auxquels il fait concurrence.

D'un autre côté, quel est l'instrument qui peut lui être comparé sous le rapport du volume et de la force des sons, sortis d'un buffet si minime et d'un mécanisme si peu compliqué.

FIN.

Procédés de Tanteustein et Cordel, 90, rue de la Harpe.

Clicny. — Impr. de Maurice Loignon et Comp., rue du Bac-d'Asnières, 12.

www.ingramcontent.com/pod-product-compliance
Lightning Source LLC
Chambersburg PA
CBHW060623100426

42744CB00008B/1479